多赚一倍

李鲆 著

U0781609

台海出版社

图书在版编目（CIP）数据

多赚一倍 / 李鲆著 . -- 北京：台海出版社，
2019.5
ISBN 978-7-5168-2356-9

Ⅰ . ①多… Ⅱ . ①李… Ⅲ . ①商业经营－通俗读物
Ⅳ . ① F715-49

中国版本图书馆 CIP 数据核字 (2019) 第 084037 号

多赚一倍

作　　者：李　鲆	
责任编辑：武　波　童媛媛	装帧设计：万有文化
版式设计：万有文化	责任印制：蔡　旭

出版发行：台海出版社

地　　址：北京市东城区景山东街 20 号　　邮政编码：100009

电　　话：010 － 64041652（发行，邮购）

传　　真：010 － 84045799（总编室）

网　　址：www.taimeng.org.cn/thcbs/default.htm

E - m a i l：thcbs@126.com

经　　销：全国各地新华书店

印　　刷：天津盛辉印刷有限公司

本书如有破损、缺页、装订错误，请与本社联系调换

开　　本：880mm × 1230mm		1/32	
字　　数：102 千字		印　张：7.25	
版　　次：2019 年 5 月第 1 版		印　次：2019 年 5 月第 1 次印刷	
书　　号：ISBN 978-7-5168-2356-9			
定　　价：59.00 元			

对于大部分企业和个体创业者来说

在 6 个月或更短时间内

实现多赚一倍的目标

是可以做到的

也是安全的

只要你掌握了正确的方法

并愿意为之而努力

多赚一倍，其实不难

李鲆

有没有可能在几乎不增加成本的前提下，在6个月甚至更短时间内实现多赚一倍的目标？

答案是：可以的。

近些年来，我先后给数百家企业和上万名个体创业者提供过策划、咨询和培训服务。我发现，大部分创业者都有一个共同的问题，那就是，没有认真考虑怎样赚钱。

很多创业者根本不知道自己企业的盈利模式是什么，就贸然投资，结果开张没多久就撑不下去，只好关门大吉；

更多创业者迷恋于企业的规模、前景，经常去参加各种学习，但对于企业最核心的利润问题，却很少去认真研究。

企业运营的核心是利润最大化。你只有赚到钱，赚到足够多的钱，才能给员工足够的回报，才能让企业健康运营下去。

因此，我在做策划咨询服务时，就总是"攻其一点"：利润问题。

我会直截了当地跟来咨询的客户一起探讨："你的盈利模式是什么？你现在一年能赚多少钱？能不能在短期内，比如6个月或更短时间内多赚一倍？"

这是一个很有用的逻辑：当我们确定了目标——多赚一倍，那么接下来要做的事情就很简单了，只要围绕目标累积资源、寻找方法就好了。

我就用这个简单的逻辑，帮很多企业和个体创业者在短期内多赚一倍。

在长期的咨询策划过程中，我总结了百余种在短期内多赚一倍的方法。

我把这些在实战中积累的经验和案例写成了一本书，就是这本《多赚一倍》，希望对你有用。

这些方法运用得当，可以帮你在短期内多赚一倍，甚至是五倍、十倍、数十倍。

因为图书体例的原因，本书只能讲一些基础的逻辑和框架，更多实操细节和案例拆解，我会在相关课程和社群里分享。

本书读者可以扫码关注我的公众号，我会赠送相关超值课程。

关于多赚一倍，这本书里的内容并不是全部。

每一位企业管理者都应该学习更好的利润倍增方法。

希望这本书对你有启发。

你也可以联系我，分享你的方法和心得。我的微信是 276527980。

你对公司的利润在意吗？

你想在短时间内多赚一倍吗？

你该做些什么事，来实现这个目标？

让我们一起，开始探索之旅吧！

目 录
CONTENTS

1

第三章
确保现金流

第四章
增加收入

第五章
缩减开支

第六章
更优选择

第七章
几点建议

第一章

以目标为导向

先定目标，然后累积资源，寻找方法，去实现它。

先定一个小目标

在 6 个月内，实现多赚一倍的目标。

做任何事情，都应该以目标为导向。

先定目标，然后梳理资源，寻找方法，不断尝试和调整，最后达成。

王健林的"先赚他一个亿"，就是先定目标，然后实现。

那么你现在就应该给自己定一个目标：

在 6 个月甚至更短时间里，实现多赚一倍的目标。

对于大部分企业和个体创业者来说，这个目标是可以实现的——我们已经有过很多这样的实操经验了，而且是安全的——短期内突然爆发可能会失控，但多赚一倍不会。

当然，前提是你要有一定的基础，比如资源、专业度、执行力、在行业内的积累。

同时也要掌握正确的方法。

本书提供了一套完整的逻辑思维体系和近百种实操性极强的方法。

之前，很多人甚至只是用了其中的一个方法，就在几乎不增加任何投入的前提下，在6个月甚至更短时间内，实现了多赚一倍的目标。

为什么你会一直缺钱？

因为你没有把主要精力用在赚钱上。

很多企业家可能有这样的困惑：

自己的企业越做越大，员工越招越多，战线越拉越长，企业销售额也成倍增长，但是到了年底结算时，自己口袋里并没有剩下多少钱，甚至连发工资、年终奖的钱都要东拼西凑。

这绝不是个案。

我有位朋友，创业前是某公司高管，年收入100多万元，活得还是很滋润的。后来开始创业，从七八个人、十几条"枪"开始，两三年间做到100多人规模，但就是手里永远缺钱。未创业前花钱大手大脚，创业后抠抠索索。

另一个咨询客户更夸张，此人创业将近20年，身家超过 10 亿元，但到了发薪日，经常连 10 万元工资都拿不出来！

如果你的公司也出现了这样的情况，那就说明：

你在做企业的时候，并没有真正重视利润。

你的时间、你的精力和你的决策，都没有真正用在增加利润上。

这样做公司，一定会越来越艰难。

事实上，这样的公司还是挺多的。

很多企业追求的是更大规模、远景未来，而不是更高利润；

很多企业标榜的企业文化是实现价值之类，唯独没有说要好好赚钱。

作为一名创业者，你一定要坚定不移地把追求利润最大化作为企业发展的基本准则。

等你手里有了钱，才能更好地回报社会。

否则的话，你自己都活不下去，怎样去实现你的情怀？

再次强调：

追求利润最大化，应该是企业发展的核心。

当我们专注于提高利润，企业就会自动良性运转，其他东西也会随之而来。

为什么你总是没钱？

因为你没有把主要精力用在赚钱上。

我常对人说的一句话是："你投入全部的时间、精力，非常努力地去赚钱，都未必能赚得到，何况你根本就没想着赚钱？"

为什么你不能在短期内多赚一倍？

如果你不是没有能力，也不是没有资源，那就是因为你根本没有做到"以目标为导向"，没有定"多赚一倍"的目标，没有去整合和拓展你所有的资源，没有竭尽全力去实现它。

就是这么简单。

不增加成本，能多赚一倍吗？

当然可以。

不增加成本，可以在短时间内实现多赚一倍的目标吗？

答案是肯定的。

在短时间内多赚一倍的钱，很多时候并不是像你想的那样困难。

我曾经为数百家企业和上万名个体创业者提供培训服务，并深度辅导过其中上百家企业，很多企业在几乎不增加任何成本的前提下，在6个月甚至更短的时间内，实现了利润倍增，甚至是十倍以上的增长。

我自己也是一位创业者，我创办的多家公司和多个项目，都曾经在短期内实现过多赚一倍的目标。

在接下来的章节里，你会看到其中一些案例。

有些经典案例不方便出现在本书中；在本书中出现的案例，有些也经过了一定程度的加工改造。

当然，不同企业情况不一样。我个人的经验是：

大约有30%的企业，只需要转变思维、简单优化，很快就能实现多赚一倍的目标；

大约有40%的企业，需要比较系统地梳理自己的每个细节，需要在多个方面发力，才能实现多赚一倍的目标；

还有30%的企业，是很难有进步的。或者说，完全没有希望，只能等着被淘汰。

无论是大公司还是小微创业者，无论是传统企业还是电商、微商，基本都是这样。

简单地说，选对了行业和项目，企业越有资源和积累，团队和个人执行力越强。更重要的是，越有开放的心态，愿意改变，就越有可能在短时间内实现多赚一倍的目标。

多赚一倍的逻辑，可以锦上添花，可以雪中送炭，但不能医白骨活死人。

记住四个关键点

确保现金流、增加收入、缩减开支、更优选择。

在长期的实践中，我总结出了上百种多赚一倍的方法，简单总结为四个关键点：

1）确保现金流

现金流是企业的生死线，是企业不断发展壮大的保障。

有些企业账面利润不错，但现金流很差，钱全在库存上、账期上和固定资产上，这样的企业抗风险能力就很差，就很危险。

从某种意义上说，现金流比利润更重要。

你有足够的现金流，哪怕没有利润，也可以撑下去，等待新的机会；但如果你的现金流断掉了，哪怕你的项目再好，账面利润再高，你也会死掉。

2）增加收入

发展才是最好的管理。

作为企业管理者，你的最大精力和时间，要用在增加收入上。

对于初创企业，创业者甚至就应该是最大的销售员，你要亲自负担起增加收入的重任。

如果你没有考虑好你的盈利模式是什么，你就不应该去创业；

如果你不能让企业的收入不断增加，你就不是合格的管理者。

在企业发展足够快、收入足够高时，哪怕有很多不规范、不完善的地方（这是在所难免的），也都不算问题；但一旦企业发展慢下来了，停滞不前了，甚至倒退了，原先不是问题的问题也会成为大问题。

增加收入是企业发展的重中之重，核心中的核心。

3）缩减开支

省下的就是赚下的。

增加收入是"开源"，缩减开支是"节流"。

企业做得越大，跑冒滴漏就越严重。

你会发现，自己辛辛苦苦，好像也接了不少单子，做了不少业务，赚了不少钱，但最后一算账，根本就没有什么利润。

这往往是成本控制出了问题。

做任何企业，都要坚持不懈地控制成本，把缩减成本当成一项长期的、反复的工作去抓。

有一个非常简单的利润公式：

收入－支出＝利润

也就是说，你的支出控制得越好，相应地，利润就会越高。

我辅导过的一些企业，甚至根本不需要做什么复杂的动作，只要强行把办公成本压缩下来，马上就可以多赚一倍了。

4）更优选择

选择往往比努力重要。

一开始，你应该选择更容易赚钱的行业和产品；

即使你已经创业了，你还是需要经常反思，习惯性地多了解其他行业和相关产品，判断自己到底应该选择什么，放弃什么。

选择更好的行业和产品，同样的努力和付出，可以让你多赚一倍，甚至几倍、几十倍。

谁更应该读这本书？

企业家、个体创业者、管理层、一线员工。

无论你是企业创始人、管理者，还是个体创业者，你都应该认真读这本书。

我曾经跟合伙人说过，跟同样白手起家的人相比，我算是比较优秀的创业者。但我同样走了许多弯路，交了很多学费。

如果我在创业之初就能读到这样的书，能得到如此清晰的指导，那我一定可以少犯许多错误，得到比现在多几倍甚至多几十倍的成绩。

我建议你组织你的管理层一起来阅读本书。

残酷的现实是，大部分管理人员关心的都不是利润，而是其他：业务是否能不断发展，能否为自己的团队争取更大的利益，自己能否升职，甚至能否有更好的独立办公室，等等。

大多数企业家和管理人员，都会过度地关注未来和细枝末节，而不是去关注最核心的盈利问题。这真的是一个奇怪的现象。

我建议大家把盈利问题作为企业发展的核心，认真研究一个议题：怎样在 6 个月内甚至更短的时间内多赚一倍？

以我的经验来看，大部分企业或个体创业者，只要有一定的基础，在 6 个月时间内多赚一倍是可行的，也是安全的。

本书以"多赚一倍"为核心，从多个方面探讨企业盈利的重要性以及怎样才能更好地盈利。

我有意识地用较多的篇幅来介绍一些实操性的内容。比如，如何节约成本，如何提高成交率，如何裂变，如何提高后端利润，等等，这些对一线员工也是非常有用的。

如果可能，你最好团购一批图书，公司员工人手一册。

这应该是你本年度最好的投资——花费不多，收益很高。

第二章

创业的优先度

第一现金流，第二利润，第三规模，
第四远景，第五品牌，第六情怀。

高收入不等于高利润

提高利润从两个方面入手：增加收入；减少支出。

本书的主题是"多赚一倍"，这里说的"赚"，指的不是收入，而是利润。

比如：

甲公司年销售额 1000 万元，支出 950 万元；

乙公司年销售额 500 万元，支出 300 万元；

你觉得哪家公司赚得更多？

毫无疑问是乙公司，对吧？甲公司年销售额 1000 万元，利润只有 50 万元；乙公司年销售额只有甲公司的一半，利润却有 200 万元，是甲公司的 4 倍！

我们必须明确一点：收入不等于利润，高收入不等于高利润。

这是一个很简单的常识，却是企业家需要不断提醒自己的事。

做企业的目标不是追求更高收入，而是追求更高利润。

政治家和经济学家对利润作过非常高深的阐述，但对于创业者来说，首先要明白的一个利润公式是：

收入－开支＝利润

你赚了 100 元，花掉了 90 元，剩下的 10 元就是利润。

根据这个公式，我们讨论企业怎样增加利润，无非是从两个方面入手：

1）怎样增加收入；

2）怎样缩减开支。

这是一个企业家应该永恒关注的话题。

现金流利润才是真利润

一旦现金流断掉，再好的项目，也会崩盘。

在实际操作中，并非这么简单。

比如：

有一单生意，可以有 50% 的利润，这算是非常高的利润了，但是客户只给了 10% 的定金，十年以后才给你回款；

另一单生意，只有 4% 的利润，但是客户预付全部款项。你可以拿预付款去进材料，没有库存、账期压力，没有坏账，现金流良好，没有任何风险。

你会选择哪单生意?

这可能是极端的例子，但我是为说明一个道理：

现金流利润才是真利润，而且是最重要的利润。

有些企业账面上的利润很好，但实际上并没有什么现金流。

原因是，他们的钱都在库存上，都在应收账款的报表上，甚至已经成了死账或者坏账。

这样的利润就是虚假利润。虚假利润越高，企业的风险就越高。

相反，如果你的企业现金流良好，但是利润并不高，甚至是负利润，但你也可以活下去，等待更好的机会。

我们要特别强调，现金流利润才是真利润。

你不只需要关注利润，更需要高度关注现金流。

在迫不得已的时候，企业甚至可以做一点负利润的项目，只要能有现金流进来。

只要你能保证现金流，哪怕没有利润，也是可以（起码是暂时）活下去的。

只要活下去，就会有机会。

相反，一旦现金流断掉，再有前途的项目，也会崩盘。

创业者务必高度重视现金流！

把规模做小，把利润做高

维持适当的规模和体量，不断精简，提高利润。

很多人在做企业的时候，都愿意把企业不断做大，甚至开始就做得很大。

这可能是为了满足自己的虚荣心，也可能是对于成本控制没有一个明晰的概念。

企业做得越大，你要支出的成本就越高，这些成本包括人力成本、场地开支和管理成本等。

当你把企业规模控制在很小的时候，有些成本就可以省下来成为利润。

大多数企业家，都有不断把企业做大做强的欲望，但是你要特别小心地控制自己的欲望，尽可能地把企业的规模做小，把利润做高。

你要随时问自己，企业扩张到底是市场所需、发展所需，还是自己的虚荣心作祟？

不可否认，大企业、重资产，在市场上更有竞争力，可能赚得更多。

但你也必须认识到，企业规模越大，管理就越困难，成本就越高，而且一旦市场发生巨大变化，大企业很难随之改变。

船大抗风险，但船大也难调头。

大，是一把双刃剑。

事实是，只有极少数企业才能真正做大、做强，真正垄断市场。大部分企业，都应该维持适当的规模和体量，不断精简，提高利润，才能安全地活下去。

试图成为"巨无霸"的企业很多，但真正活下来、活得舒服的很少。

相反，把规模尽可能做小、把利润尽可能做高的企业，大部分活得都不错。

强调一下，不管你有多大的志向和野心，能做一个大企业的人毕竟是少数，80%的创业者都只能做一个中小型企业。认清这一点，更多地关注利润而非规模，是企业家的必修课。

就算你是个"超级巨无霸，"也一样要注意控制规模，因为你的体量越大，开支就越多，相对利润就越少，风险就越大。

未来很重要，但活下来更重要

着眼未来的企业，大多数会成为炮灰。

很多创业公司，都会过分地关注未来和趋势，要做有远景的项目，做上市企业，做百年老店。

大家追求的基本模式都是：A 轮融资、B 轮融资、C 轮融资……最后上市。

这样的创业公司当然是有成功的，只是"死亡率"很高。

有人说，创业是九死一生的事，这话其实说得都太温柔了。

在一百个公司里面，做趋势、做未来的创业，最终能活下的有一两个就很不错了！

大部分企业都是苦苦挣扎，最后黯然离场。

未来很美好，但你未必看得到！

相反，如果你用另一种思维方式创业：不追求未来，不讲远景，就是抓紧时间，踏踏实实地赚点钱，给自己定个小目标，用半年时间多赚一倍。

这样的企业，一般都会活得很好。

我在《草根创业 6 堂课》的策划手记里说，创业千万不要学马云。

不是对马云先生不敬。而是说，马云只能有一个。一将功成万骨枯，一个成功的马云背后，是无数个创业失败者的"累累白骨"。成为马云那条路，太难走了。

要关注趋势，但不要过于在意未来。

未来很重要，但是活下来更重要。

着眼未来的企业，大多数会成为炮灰；

着眼当下的企业，往往能活下去。

大多数创业者，需要重点考虑的并不是 10 年、20 年以后这个行业会发展成什么样；

而要重点考虑两三年之间，甚至一年之内、半年之内，这个项目能不能赚到钱。

赚快钱并不可耻。

很多创业者总是瞧不起赚快钱。但事实是，有些机会稍纵即逝，你把握住这个机会，赚到钱了，就有条件和能力去把握下一个赚快钱的机会。

相反，你总是不赚钱，却执着地去做趋势，做未来，那么十有八九，你会死得很惨。

没必要过于追求品牌

你可能耗费巨大的人力、物力和财力，也未必能打造出一个像样的品牌。

传统商业理论认为：

品牌是企业的核心竞争力，是企业能够获得巨大增值的无形资产。拥有品牌的企业才能在市场竞争中拥有话语权。从消费者的角度来看，品牌就是一种信誉，是消费信心的保证。

这个理论并没有错。但是当你真正去操盘一家企业、一个项目、一款产品的时候，你就会发现，要打造和维护一个品牌，是一个多么艰难、多么漫长、多么烧钱的过程。

而且品牌与品牌之间的竞争又非常激烈，你可能耗费了巨大的人力、物力和财力，最终也未必能打造出一个像样的品牌。

以凉茶为例，除了王老吉、加多宝，你还能想起其他品牌吗？或者勉强可以算上和其正？

对于大多数企业来说，试图打造品牌、试图打造一个在业内拥有话语权的品牌，几乎是不可能完成的任务，也是没有必要的。

初创企业、中小型企业更加没有必要过于追求打造品牌。

我见过很多企业的所谓品牌，其实都是在自我满足，花了很多品牌推广费用，但并没有多少人知道，更没有带来话语权和成交率。

追求品牌，会吃掉企业许多利润，而且成功率非常低。

特别强调：

企业应该追求的首先是利润，而不是品牌！

多赚一倍，比打造品牌容易多了！

为了情怀创业，你会死得很惨

最危险的创业，就是为了情怀。

2014 年，某市两位读书人开了一家独立书店，希望书店成为当地的精神文化地标。

但半年后，书店就无以为继，店主不得不发了一条"打折凑房租"的求助微博，将所有图书五折出售，希望卖些书，凑钱交上房租，把书店维持下去。

这条微博引发了一场呼吁拯救独立书店的活动，并且大家也为此而付出了努力。不到三天，书被一抢而空。

但好心人的帮忙，也只能解一时燃眉之急。

两位店主做了夜读会、观影会和手工书等种种努力，却还是没有找到合适的盈利模式，一直都在生存线上苦苦挣扎。

我见过很多为情怀创业的人，不仅仅是在文化圈。

大多数人创业，首先是基于自己擅长的领域，基于自己的爱好、兴趣和情怀。

像这样为了情怀创业的，往往会死得很惨。

你要做一款产品出来，并且赚到钱，首先应该基于社会上有这个需求，你是在满足一批人的需求，而不是基于自己的兴趣、特长和情怀。

你能满足的人群越大，能提供的产品越不可替代，你就越容易赚到钱。

你要在自己的特长和市场的需求之间，找到一个结合点。

你擅长的、喜欢的，必须是市场需要的。

如果不是，那就果断放弃。

这其实是个很简单的道理，却是很多初创业者、甚至是连续创业者最常犯的错误。

再次强调：

创业是为了赚钱，不是为了情怀！

最坏的创业，就是为了情怀！

为了情怀创业，你会死得很惨！

等到你赚到了足够的钱，有了足够的实力，再去玩情怀也不迟！

创业的优先度

第一现金流、第二利润、第三规模、第四远景、第五品牌、第六情怀。

综上，我们来总结一下创业的优先度：

第一优先度：现金流

现金流利润才是真利润，是最重要的利润。

没有利润的现金流，往往优于没有现金流的账面利润。

必要时，可以牺牲账面利润，来获得现金流。

第二优先度：利润

把追求利润最大化，作为企业运营的核心。

企业的资源配置，老板的时间、精力和思维，都应该专注于利润。

第三优先度：规模

规模与利润并不成正比，很多时候还可能是反比。很多企业会惯性变大，然后变得臃肿而低效，导致被吃掉很多利润。

不断压缩规模，控制成本，才能提高利润。

第四优先度：远景

要着眼未来，但不能只看未来。

只盯着远景、未来的公司，只有小概率会成为一个伟大的公司，大概率是成为炮灰。

着眼当下，踏实赚钱，活下去的概率会更高一些。

未来很重要，但活下来更重要！

第五优先度：品牌

大部分企业，都不可能真正创造一个有影响力、有竞争力的品牌。

企业真正应该追求的是利润，而不是品牌。

多赚一倍，比打造品牌容易得多。

第六优先度：情怀

商业的逻辑是，发现某个特定人群的需求，制造出产品或服务，满足他们。

这也应该成为创业的逻辑。

大部分人创业是基于自己的特长、兴趣、喜好或者情怀，这种创业逻辑不符合商业逻辑，很容易死掉。

先赚点钱，再讲情怀。

第三章

确保现金流

用未来的钱做现在的事；
用别人的钱做自己的事；
用更少的钱做更多的事。

现金流思维

利润是脂肪，现金流是血液。

九源教育创始人杜平先生说过一句话："利润是脂肪，现金流是血液。"

没有脂肪，你还能撑一段时间；

没有血液，你就会马上死掉！

很多原本盈利的企业之所以死掉，就是因为没能管理好现金流。

某企业年产值几千万元，也有两三百万元的利润。因为有一笔银行贷款到期，企业主就借高利贷"过桥"——先借短期高利贷还钱给银行，然后再从银行贷出钱来还高利贷。

但他没想到，最近几年银根缩紧，银行不再放贷。

企业瞬间陷入困境，像推倒第一块多米诺骨牌引发连锁反应，最后导致倒闭清算。

有很多方法可以保证你的现金流良好，比如内部众筹、以租代售、预收货款、延迟付账、谨慎扩建和减少库存等，但核心的思维就是三条：

1）用未来的钱做现在的事；

2）用别人的钱做自己的事；

3）用更少的钱做更多的事。

内部众筹

设计一套足够诱人的、确保安全的模式。

我曾为某房地产企业做过一个咨询案。

当时该房企有 300 多套房子，预期 4 个月后上市，但公司现金流已经枯竭，甚至没办法支付员工和建筑队的工资。如果不能解决现金流的问题，很快就会爆发大的危机。

房企老总向我请教时，我问了他一个问题："你觉得 4 个月后，房价是涨是跌？"

他斩钉截铁地说："肯定会涨。"

我说："那就容易了。你现在可以面对你的公司员工，做一个内部众筹。但不要以众筹这个名义，而要以'员工福利'的名义。什么福利呢？凡是公司员工，均可用 20 万元的预付款，来预定一套房子。你们公司有200多名员工，差不多就能收500万元了。要给员工一个承诺：到房子正式上市时，如果房价跌了，员工可以直接退房退款。如果房价涨了，员工就可以用现在的价格买下房子，或者公司帮员工把房子卖掉，员工拿差额。"

用这个方案，这个房企很快在内部众筹到了6000多万元的现金流（有员工预定了多套），相当于拿到了6000多万元无息贷款，渡过了难关。

4个月后，房子建好上市，恰好房价大涨，每平方米房价平均涨了4000多元，等于每个员工都赚了三四十万元甚至更多，皆大欢喜。

这就是典型的现金流思维：

未来我会有钱，但现在我没钱，那我就想办法把未来的钱拿到现在来花。

怎样实现呢？

上面这个案例是，让员工先用预订的方式拿出钱来，最终实现用未来的钱做现在的事，用别人的钱做自己的事，用更少的钱做更多的事。

关键是要设计一套足够诱人的、确保安全的模式。

以租代售

好的模式，一定是多方共赢的。

我还为另一家房企做过咨询案。

这次是销售车库。

当时他们刚完成了一个大型小区的建设，总共900套商品房，已经售罄。但是配套的450个车库，却只售出了100多个（12万元/个），其他的降价促销也卖不出去。

我跟房企老总讨论了一下，提出一个观点：未来十年，平均每家应该拥有1.5辆车，也就是说，900套商品房的小区，应该配备1350个车库。但这个小区只设计了450个车库，是远远不够的。

也就是说，未来车库会是稀缺产品，价格会水涨船高。

现在大家不买车库，一来是没有认识到这一点，二来是因为小区管理不严，乱停乱放很严重。其实按照小区现在的汽车数量，450 个车库已经不够用了。

于是我给了这家房企一个方案：停止出售车库，而是以租代售，每个车库一次性租 10 年，租金是 12 万元。

当时房企老总都震惊了："你疯了吧？12 万元卖不掉的车库，谁会愿意花 12 万元来租？"

我说："别急，我还有配套方案。我们出一个免费用 10 年车库计划，住户一次性交 12 万元租金，你每年返还对方 1.2 万元，10 年返还 12 万元，相当于他免费用 10 年车库，你觉得这个计划怎么样？"

老总激动地站了起来："这真是个好方案！多方共赢，没有输家。完全可行！"

围绕这个以租代售的核心方案，我还做了一系列的规划，设置了多层后端。

该房企在半个月内，就筹到了 4000 万元的现金，还整合了周边的 4S 店、加油站、旅游以及健身房等产业，达到了合作共赢的目标。

"空手套狼"

当你可以空手对接各种资源时，就完全不需要资金了。

讲一个经典的房地产案例，我第一次在房西苑先生的《资本的游戏》中看到这个案例，当即为它精妙的设计而击节叫好。

我后来做的一些咨询策划案，都特别注重多赢模式设计，很大程度上是受它的影响。

20 世纪末的海南岛，房地产市场处于低谷。有家香港的房地产公司，经过了亚洲金融危机后，已经濒临破产，急于出售手中的物业套现。这就为项目公司提供了"空手套狼"的机会。

项目公司先与开发商协商，以每平方米 2500 元的价格收购其滞销楼宇，五年分期支付。

然后以每平方米 5000 元的价格卖给有买楼能力

的高收入人群。当时海南的房地产市场已经降到了低谷，当地人没有这个购买能力，买得起楼的人在北京、上海、广州、深圳这些大城市。

但这些大城市的人到海南岛买房，不可能长期居住，只有一个动机，就是度假。因此需要设计一种产权公寓的销售模式。

项目公司设计的销售模式是：

1）买楼者先交 30% 的楼款。

2）买楼者以房屋抵押，向银行申请 20 年的按揭贷款。

3）银行为买楼者垫付款。项目公司用银行的钱分期付开发商的售楼款。

4）项目公司用 30% 的头款对建筑进行装修，配备家具电器，把整栋楼建成四星级标准的酒店式公寓。

5）项目公司与航空公司签约，以每销售 1 平方米支付 300 元的代价，交换航空公司给买房业主的 20 年优惠服务，其中包括每年提供 6 张免费机票以及 20 年的半价机票。这个交易整合了航空公司的资源，减轻了买房业主赴海南度假的交通负担，让他们更乐意买房。

6）北上广深业主在海南买房不是为了常住，只是为了短时度假。他们每年在海南的累计居住时间一般不会超过 30 天。因此，业主均享有每年累计 1 个月的产权消费。在此期间，除水电费等直接成本外，业主无须支付房租和服务费用。

7）产权消费之外的 11 个月的房屋使用权，楼主委托给项目公司经营管理，出租给来海南旅游的游客，收取房租。

8）项目公司从旅客房租的收入中扣除管理费，余下的经营利润按照购房面积给业主分红。业主在 1 个月产权消费期之外的住房消费，不仅需要交水电费和管理费，同时也要扣除房租分红。

9）业主用房屋出租的分红支付银行的按揭贷款。

在这个案例中，项目公司整合了开发商、业主、银行、航空公司和游客等各类资源，设计了一个多方共赢的方案，可谓"空手套狼"的典范。

"空手套狼"不仅需要你有广泛的人脉和外部资源，更需要你有优秀的人力资源——具有高度智力和执行力的团队。

资金说白了就是一个整合资源的媒介，如果你所需要的各种资源都可以空手对接，你就可以完全不需要资金了。

预收货款

不要让别人欠你钱。

如果可能，尽量不要自己垫资生产，而是要求对方预付货款。

你可以要求对方分阶段预付货款，比如在签订合同时就能预付 20% 左右，当你给出样品时再预付 50%，余款最好在其收货前甚至应该在批量生产前一次性付清。

请记住，确保你的现金流良好、最大限度预防风险的关键在于，你花的每一分钱最好都是预收货款，而不是自己垫资。

当然最好也不要有什么账期之类。

我近几年做的几乎所有生意，都强调没有账期、绝不欠款，宁愿失去客户，也不更改原则。

因为我吃过这样的亏：

前些年有几单生意，因为是跟熟人做的，所以没有严格要求预付款，或是在发货前付清余款。

结果，这些生意大半出了问题，或是进行到一半对方说不做了，或是发货后余款迟迟付不了成了坏账。

最终生意没得做，朋友也没得做。

预约浪漫

明年你还会爱我吗？

预收货款，还可以更有想象力一些。

我为某奶茶店做过一个完整的策划案，其中一项是"预约浪漫"。

这家奶茶店现在的顾客群定位是情侣。当一对情侣第一次进店消费时，他们将获得一张由店主亲自签名的浪漫满屋卡片，上面记录了他们何时进店消费、坐哪张桌子、点了什么茶点。

然后，店主会建议他们"预约浪漫"，预定明年此时的同一张桌子，消费同样的茶点。这笔钱预先支付给奶茶店，明年此刻进店消费，店主将有特别赠品赠送，并且奶茶店所有员工和消费者都会向他们祝贺。

你猜有多少情侣愿意预约浪漫？

数据十分惊人：超过 90%。

也就是说，首次进店的情侣，90%以上预交了明年来消费的钱。

如果他们中途分手，这笔钱就会成为奶茶店的直接利润。

如果他们情比金坚，还记得次年按时来店，那这个奶茶店对他们就有特殊意义，他们就会成为奶茶店的铁杆消费者，其他奶茶店挖都挖不走。

我承认，这个创意来自陈升。

陈升做过一件很煽情的事，他曾经提前一年预售自己的演唱会门票，这场演唱会的主题叫："明年你还会爱我吗？"

演唱会门票仅限情侣购买，一份情侣券分为男生券和女生券，双方各自保存属于自己的那张券，一年后，两张券合在一起才能奏效。

这些票很快销售一空。但是到了第二年，演唱会开始时，台下却空了很多位置。很多人的感情并没有走过一年，就已经分手了。

这真是个悲伤的故事，难怪陈升最后唱了那首歌，《把悲伤留给自己》。

但是，这个故事是有商业价值的。我就是受到他的启发，才设计了"预约浪漫"。

谨慎扩建

馅饼可能是陷阱。

有时候你可能会接到一个大单子，让你心花怒放。

但是你很快发现，这个单子超出了你目前的生产能力，你马上决定，扩建厂房，上新的生产线。

这种做法对吗？

我劝你谨慎一点。因为这意味着你要冒巨大的风险。你需要投一大笔钱来购买设备和建设厂房，但未来是不是还会继续有大单子，都很难说。很可能，你做完这一单生意，生产线就得闲置，造成巨大的浪费。

极端的情况是，这一单生意你都未必能做下来。

前两年共享单车火爆时，天津以"自行车王国"著称的某镇，接到了大量的订单和预付款。

于是大家纷纷建新厂房，上新生产线，以满足大量订单需求。

但新的生产线刚刚建好，共享单车已经遇冷，预订了单车的企业直接放弃预付款，不要车了。

大量生产出来的单车无人问津，新建成的生产线全部空置，许多企业就此破产。

你可以考虑先跟同行协作，把这个大单子拆开分给他们做，直到你确定你会有源源不断的订单，必须上新生产线为止。

减少库存

确保你的存货少到不能再少。

如果你要购置某种物品，不管是办公用品，还是原材料，都要对你的库存有清晰的了解。只有在你的存货已经少到不能再少时，才允许订购。

要特别注意，不要贪图便宜而大量采购。某人曾经一次性采购过五万个包装盒，原因是这次单价会低很多。

但是他一年销售产品不过一万套，这些超量预订的包装盒只好堆在库房里，时间长了受潮发霉，反而浪费更多。

如果你有专门的采购人员，更要提高警惕：他们可能为了图省事，或者是其他原因，会订购远超需求的大量物品。

我知道一个典型的案例是，某公司一次性采购的办公用品，足够他们十年使用。而这家公司第二年就倒闭了。

　　同样的逻辑，你也要尽可能减少你的产品库存。

　　尽量把库存保持在一个临界点上，既不影响加货，也不至于占用太多资金。

布局未来

不要怕短期内赔钱，有现金流就可以维持。

我们在前面提到，现金流利润才是真利润。哪怕你的企业当下没有利润，但是现金流良好，你也可以维持很长一段时间，用来抢占市场、耗死竞争对手，或者找到新的机会。

差不多十年前，我曾在某大学新校区投资过一个咖啡馆。当时我和合伙人认真讨论过，认为这个新校区人流不够，咖啡馆第一年估计是要赔钱的，但到第二年新生大量涌入，就可以赚钱了。那么这赔钱的第一年，只要有足够的现金流就可以维持，赔点钱是无所谓的，只要能抢占市场就好。

我们算了一下，哪怕第一年赔掉 20%，我们还是有足够的现金流支撑咖啡馆的运营。赔掉这些钱，其实是为了布局未来市场。

果然，第二年，这个咖啡馆就开始盈利了。

你需要了解的收益率公式

销售利润率 × 资产周转率 × 财务杠杆率 = 收益率。

以上我们讨论的是怎样用未来的钱做现在的事，用别人的钱做自己的事。

这一节我们讨论怎样用更少的钱做更多的事。

我们需要知道一个词：收益率。

收益率是指投资的回报率，一般以年度百分比计算。

理论很枯燥，举例来说明：

同样年赚 100 万元，A 投资 100 万元，一年赚 100 万元，B 投资 1000 万元，一年赚 100 万元，显然 A 的收益率更高。

任何生意都需要投资，怎样用更少的钱做更多的事，赚更多的钱，就是收益率公式要研究的问题。

收益率公式又叫投资回报率公式，也叫杜邦公式——因为它是杜邦公司所创的，用于理解净资产收益率的决定因素。

收益率公式有三个决定性因素，分别是：

1）销售利润率；

2）资产周转率；

3）财务杠杆率。

公式表达如下：

销售利润率 × 资产周转率 × 财务杠杆率 = 收益率

根据收益率公式，提高净资产收益率有以下三种途径：

1）加强销售管理，提高销售利润率；

2）加强资产管理，提高资产周转率；

3）加强负债管理，提高财务杠杆率。

收益率公式之一：销售利润率

销售额高、销售成本低，则销售利润率高。

销售利润率就是利润占销售额的比率。

假设你的销售额是 10000 元，利润是 1000 元，那么销售利润率就是 10%；

你的销售额是 10000 元，利润是 2000 元，那么销售利润率就是 20%。

很显然，在销售额不变的情况下，销售利润率越高，你的实际收入就越高。

销售利润率与销售毛利率是两个不同的概念。

销售利润率指的是扣除了运营费用（如管理费用、财务费用等）后的净利润率。

通常来说，销售毛利率大于销售利润率，因为销售毛利率并没有剔除运营费用。

但对于微小企业来说，运营费用可以忽略不计，销售利润率也就约等于销售毛利率。

影响销售利润率的主要因素有两个：

销售额和销售成本。

销售额高、销售成本低，则销售利润率高；

销售额低、销售成本高，则销售利润率低。

收益率公式之二：资产周转率

尽可能选择资金周转率高的项目，尽可能提高项目的资金周转率。

资产周转率就是在一定时间内资金周转的次数，周转次数越多，资金的利用率就越高，收益也就越高。

假设有一个人，投入 100 万元做生意，利润率为 30%，一年周转一次；

另一个人同样投入 100 万元做生意，利润率只有 10%，但是一个月周转一次。

那么在同样时间里，到底谁赚得更多？

粗略计算一下，前者的年利润是 30 万元，后者的年利润是 10（万元／月）× 12（月）=120（万元）。

如果把利润再作为投资，后者的利润还会更高。

尽可能选择资金周转率高的项目，尽可能提高项目的资金周转率，就能有效地提高收益率。

收益率公式之三：财务杠杆率

财务杠杆率越大，收益率就越高，但同时风险也就越高。

财务杠杆又叫筹资杠杆或者融资杠杆。

在物理学中，利用一根杠杆和一个支点，就可以用很小的力量抬起很重的物品。

财务杠杆的逻辑与之类似，就是你可以用很少的钱来撬动很大的生意。

比如你要购买一套总价 500 万元的房子，但你只需要准备 150 万元的首付，其他 350 万元可以从银行贷款，这就是财务杠杆。

比如你想做一个项目，需要 1000 万元的投资，你未必自己一定要有 1000 万元，可能只需要 100 万元甚至更少的启动资金就够了，其他所需费用，可以通过风投、贷款、拆借、出让股权或合伙人等形式筹集。

财务杠杆是把双刃剑：

财务杠杆率越大，你就能用越少的钱撬动越大的项目，收益率就越高；

但同时风险也就越高，一个小小的意外就可能导致资金链断裂，进一步导致项目全面崩盘。

这是需要特别关注和警惕的。

第四章

增加收入

收入公式：
客户基数 × 转化率 × 单客价值 ＝ 收入

收入从哪里来？

怎样才能赚到钱？怎样才能多赚钱？

一个有趣的事实是，很多企业家并不知道，起码是并不能清晰地知道，企业究竟是怎样赚钱的。

说句实话，企业家里的确有很多聪明绝顶的人物，但也有很多人是运气好，稀里糊涂就赚到了钱。

他做的事，刚好符合一个时代的风口，刚好满足了一批客户的需求。

根本不需要他个人有多大的能力，是时代造就英雄。

但当时代前进，创业环境发生变化，他很可能会面对巨大的困难，稀里糊涂赚了钱，又稀里糊涂赔了钱。

改革开放之初，产品供应不足，市场需要巨大，你随便做点小生意，开个小作坊，就能赚到钱。

但后来进入产品过剩时代，小作坊不具备竞争力，大部分都关门大吉了。

所以我们必须知道，钱是从哪里来的。

我们必须清晰地知道，怎样才能赚到钱，怎样才能多赚钱。

收入公式

每个环节增加 30%，收入就可以翻倍。

传统的营销理论，往往只会提到客户基数和转化率，我认为这并不算科学，所以增加了一个新的元素：单客价值，意思是一个客户能给我们带来的最大化价值。

这样看起来，收入多少，就由三个要素决定：

1）客户基数；

2）转化率；

3）单客价值。

用公式形式来表达，就是：

客户基数 × 转化率 × 单客价值 = 收入

有了这个收入公式，增加收入的逻辑就非常清晰了，可操作性也变强了——你只需要在各个环节上做优化就好了。

比如客户基数，要想增加 30%，其实并不难，并不需要做伤筋动骨的变革，只要认真点、努力点、技术上做一点优化就能达到。

转化率和单客价值也是一样的。

如果三个环节都增加 30%，叠加起来，收入就非常了不起了。

我们来计算一下：

假如客户基数增加 30%，转化率增加 30%，单客价值增加 30%，也就是每个环节都增加到 130%，那么三者相乘，$1.3 \times 1.3 \times 1.3 = 2.197$，已经实现收入倍增。

假如各个环节都增加 50% 呢？

$1.5 \times 1.5 \times 1.5 = 3.375$，实现了三倍多增长。

也有可能这样，客户基数、转化率、单客价值这三个点，任意一个点增加一倍，其他两个点即使维持不变，也能实现利润倍增。

明白了这个收入公式，我们做事的思路就很清晰了：

只要在三个点上发力就行了。

收入公式之一：客户基数

发展新客户，留住老客户，让客户裂变客户。

所谓客户基数，就是准客户的数量。

不管做什么生意，都需要有一定的客户基数。

我们可以简单地把成交理解为一个概率游戏。在成交率不变时，客户基数越大，成交的客户就越多，成交量就越大。

同样的一款产品，同样的成交率，你开发 100 个客户，还是开发 1000 个客户，效果相差基本就是 10 倍。

传统门店的客户基数与地段、客流量以及服务质量等有关；

电商、微商的客户基数与引流、SEO（搜索引擎优化）、直通车、站方规则、粉丝和个人 IP 等有关。

但现在做生意会呈现双线融合趋势：线上线下打通，互相引流，互相促进。

要快速增加客户基数，最直接的方法是花钱购买：地推、投放广告和做 SEO（搜索引擎优化）等。

而要低成本快速增加客户基数的关键则是"用户裂变"：让客户转介绍客户。

总的说来，增加客户基数的方法就是：

发展新客户，留住老客户，让客户裂变客户。

收入公式之二：转化率

没有转化率，再大的客户基数都是空谈。

由准客户转变成为客户的比例，就是转化率。

比如：

你是做女性产品的微商，你的微信上有 3000 个好友，如果有 300 个好友购买过你的产品，那么转化率就是 10%；如果有 600 个好友购买过你的产品，那么转化率就是 20%。

没有转化率，再大的客户基数都是空谈。

转化率的高低，由许多因素决定，主要有：

1）准客户的精准度

如果你是一个做母婴产品的微商，但你的微信里全是未婚男性粉丝，那么这就是严重的准客户和产品不匹配；相反，如果你的微信好友都是宝妈，那么准客户的精准度就比较高。

精准度越高，转化率就越高。

2）信任度

假设你要买一份保险，你有两个选择：

一个是你不认识的、上门推销的业务员；

另一个是你的发小儿，二十多年的朋友。

你会选谁？肯定是后者。

为什么？因为你更信任他。

客户对你的信任度越高，转化率就越高。

3）产品力

产品力就是产品本身的吸引力和竞争力。

这是一个复杂的工程，包括产品定位、包装、价格和渠道等等。

4）营销力

营销力一般包括抵达、说服、购买全过程的策划和优化。

提高成交率的关键是"模拟成交"：

就是绕过付费环节，直接带着客户进入成交后的场景。

比如你推销一款产品，直接告诉客户这款产品的使用效果。那么这个过程就是带着客户，进入成交后的场景，给客户的感觉就是这款产品已经是自己的了，现在正在体验这款产品。

收入公式之三：单客价值

90% 的利润在后端。

单客价值是我生造的一个词，指的是我们能从一个客户身上获得的最大化价值，约等于客户的终身价值，但远大于终身价值。

单客价值不只包括客户单次成交的价值（也就是通常所说的客单价），更重要的是：

1）复购和购买更多其他产品

客户贡献给我们的价值不是一次性的，而是终身的。留住老客户比增加新客户容易得多，成本也低得多。

2）转介绍

客户能否给我们带来更多的客户。

3）合作者

客户能否成为我们的合伙人、代理商、分销者。

4）其他价值

客户可否给我们带来更多的资源、智慧等。

传统营销提到的客单价，往往被理解为单个客户一次性购买商品的（平均）金额。

这是典型的"一锤子买卖"，是对客户资源的极大浪费。

优秀的营销人都知道一句话：90% 的利润都在后端。

我们不只要追求客单价，更要追求单客价值。

要针对一个客户，设置多层次后端利润开发，让他成为你的终身客户，并帮你裂变客户，介绍资源，甚至进一步跟你合作，给你带来更多的价值。

拥有 1000 名铁粉

只需要 1000 名铁杆粉丝，就可以衣食无忧。

"只需要 1000 名铁杆粉丝便能糊口。"这句话出自美国作家凯文·凯利的《技术元素》一书。

他的书中有这样一段话："保守假设，铁杆粉丝每年会用一天工资来支持你的工作，这里'一天工资'是一个平均值，因为铁杆的粉丝肯定会远远比这花得更多。再假设每名铁杆粉丝，每年都在你身上消费 100 美元，如果你有 1000 名粉丝，那么每年就有 10 万美元的收益，减去一些适度的开支，对于大多数人来说，足够过活。"

这个铁杆粉丝理论，就是在说单客价值。

你的铁杆粉丝就是你永不破产的银行。

在产品过剩时代，粉丝比产品更重要。

只有铁杆粉丝、客户资源，才是持久的财富之源。

当你拥有几千甚至几万名粉丝，哪怕你现在身无分文，你也很容易快速生财。

1000 名铁杆粉丝能值多少钱？

不同行业的粉丝价值不同，大致估算如下：

洗脚店：1000 名铁杆粉丝 = 每年 200 万元收入

茶叶实体：1000 名铁杆粉丝 = 每年 80 万元收入

茶叶网商：1000 名铁杆粉丝 = 每年 140 万元收入

服装网商：1000 名铁杆粉丝 = 每年 200 万元收入

培训行业：1000 名铁杆粉丝 = 每年 60 万元收入

餐饮实体：1000 名铁杆粉丝 = 每年 400 万元收入

化妆品网商：1000 名铁杆粉丝 = 每年 1200 万元收入

营养品网商：1000 名铁杆粉丝 = 每年 1000 万元收入

维护好老客户

20% 的老客户，创造 80% 的价值。

用铁粉定律来对照，我们在客户关系中最常犯的错误是，花费大量时间和精力在那些新客户、麻烦的客户身上，而不是维护忠心耿耿的老客户。

但老客户才是公司的真正价值所在。你能够拥有的老客户越多，你的销售就会越容易，收入就会越多。

通常来说，有 20% 的客户是无条件信任你的，你推出什么产品他们都会买，而且绝不麻烦；60% 的客户是"墙头草"，你有优惠时他们会来，觉得别家更实惠他们就会走；还有 20% 的客户是很难被你成交的，就算被你成交了也会有很多后续的麻烦。

曾经有位销售员说，他拜访任何一个客户超过三次还没成交，就会马上放弃。因为没必要在难成交的客户身上浪费太多的时间。

善待前 20% 的老客户，争取 60% 的中间层，这就够了。

在销售领域，"二八法则"同样生效，20% 的老客户，创造了 80% 的销售额和价值。

发展一个新客户的成本是维持一个老客户的 5 ~ 10 倍，一个老客户贡献的利润是新客户的 10 ~ 20 倍。

但是我们却长期忽略了他们，总是在努力成交新客户以及应对那些麻烦的客户。这实在是本末倒置啊！

从今天起，改变你的客户策略。花更多的时间在老客户上。为他们提供更优质的服务，给他们更好的优惠和赠品，了解他们的需求，让他们成为你的终身拥趸。

持续成交

成交不是结束，而是新的成交的开始。

客户的价值并不是恒定的，而是可以进一步挖掘的。如果你擅长销售和成交，你甚至可以让单个客户的价值马上翻几倍，甚至几十倍、几百倍。

有一个销售的故事是这样的：

老板问售货员："你今天做了几单买卖？"

售货员回答："一单。"

"只有一单？"老板很吃惊地说，"我们这儿的售货员一天基本上可以完成20到30单生意呢。你卖了多少钱？"

"30万美元。"售货员答道。

老板目瞪口呆："你怎样卖到那么多钱？"

"是这样的，"售货员说，"一个男士进来买东西，我先卖给他一个小号的鱼钩，然后是中号的鱼钩，最后是大号的鱼钩。接着，我卖给他小号的钓线，中号的钓线，最后是大号的钓线。我问他上哪儿钓鱼，他说海边。我建议他买条船，所以我带他到卖船的专柜，卖给他长6米左右有两个发动机的纵帆船。然后他说他的大众牌汽车可能拖不动这么大的船，于是我带他去汽车销售区，卖给他一辆丰田新款豪华型'巡洋舰'。"

老板后退两步，几乎难以置信地问道："一个顾客仅仅来买个鱼钩，你就能卖给他这么多东西？"

"不是的。"售货员回答道，"他是来给他妻子买卫生棉条的。我就告诉他'你的周末算是毁了，干吗不去钓鱼呢？'"

这就是一个持续成交的典型案例。顾客原来只准备买一包卫生棉条，但在售货员的指引下，他发现了自己更多的需求，最终花了30万美元。

我们要记住一句话：

成交并不是结束，而是新的成交的开始。

持续成交，才能让客户的价值最大化！

对刚刚被你成交的客户，不要畏缩，马上开始新的成交吧！

产品组合

引流产品、品牌产品、利润产品。

持续成交的要诀有两个，一是产品组合，二是复购。

我们先来谈产品组合。

最好的产品组合，应该包括引流产品、品牌产品和利润产品。

三者各司其职：引流产品带来流量，品牌产品建立信任，利润产品用来赚钱。

引流产品、品牌产品可以少赚钱、不赚钱甚至赔本赚吆喝，为的是让利润产品更好卖、赚得更多。

有些产品会同时具有两项特征，比如既是引流款又是品牌款；或者既是品牌款又是利润款。但集三者为一体的，通常很少见。

同时我们要强调一点，任何产品，都可以是引流产品。不管你是品牌产品，还是利润产品，都可以成为引流产品。

精妙的设计，可以让所有的利润产品都成为引流产品，为下一个利润产品做引流。

在"持续成交"里，我们讲的，顾客买卫生棉条最终买了船和车的案例，能鲜明地体现出这一点。

在这个故事里，最早的引流产品是卫生棉条，然后产生了第一个系列的利润产品，即不同型号的鱼钩；

然后鱼钩又成了引流产品，产生了第二个系列的利润产品，不同型号的渔线；

然后渔线又成了引流产品，产生了第三个利润产品，纵帆船；

然后纵帆船又成了引流产品，产生了第四个利润产品，丰田新款豪华型"巡洋舰"。

利润产品不断成为引流产品，最终达成了30万美元的销售额。

复购为王

一个公司的真正价值，在于拥有多少愿意不断复购的老客户。

持续成交的第二个要点，是复购。

复购产生的价值，可能没有"产品组合＋马上成交"来得快，但效果更长久。

我一直坚定地认为，一个公司的真正价值，并不在于它有什么样的产品，有什么样的技术，有多大的规模，而在于它拥有多少愿意不断地复购的老客户。

提高复购率是一个很复杂的话题，可能需要单独写一本书。

但简单地说，有以下几点：

1）体验感

客户对产品和服务的体验感如何，决定了他是否愿意复购。

2）使用频率

使用频率越高的产品，越容易被复购。

相反，顾客购买一个产品，需要三五年才能用完，那复购就是笑谈。这时你只能靠设计产品组合来吸引他购买了。

3）客户管理和追销

对客户进行精准化管理，预估他什么时候需要复购，及时提醒，并且给予优惠，可以成倍地提高复购率。

4）信任度

客户对你的信任度越高，就越愿意复购。

优秀的销售员往往不是在销售产品，而是在销售自己。

90% 的利润在后端

设置好多层后端，可能多赚十倍、百倍。

我们前面提到了 1000 铁粉定律、维持好老客户、持续成交、产品组合、复购为王等，其实都是在讲一件事：后端利润的重要性。

有句话叫"90% 的利润在后端"，留住老客户，设置好多层后端，比总是辛辛苦苦开发新客户要简得多，利润高得多。

我有一个做图书公司的朋友，主要做企业管理类的图书，一年大概能有 50 万元利润。一次他给我抱怨说挣得太少，除了公司开销，基本没有多少盈利。

我帮他分析说，要拓展思路，不能把自己定位在做书这个渠道上，要做好后端利润的设计。

他的公司做的是企业管理书，这些书主要的目标读者是企业家、企业各层管理人员。而这些书的作者，大部分是企业管理讲师。

那么，企业需不需要请培训师来讲课？培训师需不需要请人来推销他们的课程？

既然双方都需要，他的公司就可以在中间起管道作用。他可以做这些作者、培训师的经纪人，这个很赚钱。

他不仅可以销售图书，还可以把培训师介绍给企业，从中间赚钱，做经纪公司。

做图书是实体企业，是制造业，而经纪公司是虚拟产品，这是一个新的开拓，由实体产品向虚拟产品开拓。虚拟产品的价格更高，价值更大，而且不需要什么成本。

那么具体该怎么做呢？

特别简单。

就是在每一本书里加张小书签，这个书签几乎是不需要任何成本的，用封面纸的边角料就可以印制。书签上印上讲师擅长的课程，还有一个电话号码，公司安排个人接电话、联系讲师就好了。

就这样，这个公司在几乎不增加任何成本的前提下，每年多赚了 100 万元，是原先的 3 倍。

90% 的利润在后端。设置好你的后端利润产品，会让你赚钱更容易。

你甚至可以设置多层后端，那样就不只是多赚一倍，而是多赚十倍、百倍。

客户裂变

把客户变成你的推销员。

我们前面提到的1000铁粉理论，更多的还是在谈客户自身的购买价值。

但我所提到的单客价值，并不仅限于此。除了购买之外，客户还有更重要的价值，即转介绍价值。

客户转介绍，就是客户裂变。

美国著名销售员乔·吉拉德认为，每一个客户背后，大概都站着250个人。这些人是他的亲戚、邻居、朋友和同学等。

也就是说，每一个客户的背后，都有250个客户资源。

这就是客户裂变的理论依据。

理想状态下，如果你能服务好一个客户，再让他转介绍给他的亲戚、邻居、朋友和同学等，你就多了 250 个客户；

继续服务好这 250 个客户，再让他们转介绍，你就有了 62500 个客户；

这样不断地裂变下去，你能获得的客户数量是惊人的。

你也会由此得到巨大的财富和机会。

客户裂变的精髓是把客户变成你的推销员。

传统的营销，你如果想打开一个市场，需要自己建立营销推广团队，要培训团队，要管理团队，要为团队支付薪酬，付出的人力财力是相当巨大的。

但如果你学会了客户裂变，让每个客户都变成你的推销员，让每个客户都帮你做宣传、营销、推广和成交，你就能以最小的成本，获得最大体量的客户群，得到最大的收益。

客户裂变，就是让客户告诉客户，让客户带来客户，让客户成交客户。

这是让你迅速做大做强的捷径。

裂变原理

要么情怀，要么利益。

裂变的原理很简单，要么出于情怀，要么出于利益。

所谓情怀，就是对产品或服务有高度的认同感、自豪感，觉得产品或服务有价值，应该分享出去，让更多的人受益。

传统营销理论里提到的口碑营销，其实就是靠情怀裂变。它更多地强调用好的产品、好的服务来获得客户的美誉度，从而将产品信息或品牌向大众传播开来。

所谓利益，就是在参与裂变中，可以获得相关利益。

把客户变成你的合伙人、分销商，让他在参与中获得利益。

靠情怀裂变会比较缓慢，不确定因素也比较多，设计好模式，靠利益裂变，会得到更快、更多的裂变。

近几年疯狂崛起的微商，之所以能迅速做大，其核心就是客户裂变，主要是靠利益裂变。

隐形分销

让新客户得到实惠，让老客户既有面子又有里子。

靠利益裂变也有个很大的问题：

大部分人，不好意思去赚熟人的钱。

甚至有时候，他对你的产品或服务非常满意，本来愿意顺手帮你转介绍，但一旦知道转介绍成功有利润分成，他反而不愿意转介绍了。

所以我设计了一个隐形分销的模式。

比如：

我一直帮某酒庄介绍客户，后来老板就对我说，每介绍成功一单生意，我可以获得 5% 的提成。

我马上拒绝了："你这点钱不够诱惑，反而会让我觉得赚朋友钱不合适，不愿意帮你介绍客户了。"

该怎么做呢？

隐形分销。

只要有人去买酒说是我介绍的，就马上对他说："李鲆老师的朋友啊，我们给您打个九五折。"

这样客户得到了实惠，我自己也有面子，当然更愿意替你介绍客户。

然后你要想给我分成，可以采取积分的形式，比如拿出销售额的 5% 作为积分，这些积分未来可以兑换酒，也可以换成钱。

隐形分销的逻辑就是，让新客户得到实惠，让老客户既有面子又有里子，这样介绍人就不会有心理障碍了。

这样，我们就可以得到更多的客户、更多的成交。

关键节点

你不需要辛辛苦苦地向许多人做推广，只要抓住少数关键的人就够了。

客户裂变有个很重要的概念，叫关键节点。

有个成语是纲举目张，关键节点就是这个"纲"，抓住了关键节点，裂变就很容易了。

你不需要辛辛苦苦地向许多人做推广，只要抓住少数关键的人就够了。

触电会创始人龚文祥说过，有些触电会员根本不做其他生意，只在触电会社群内部做生意，一年也可以赚到千万元。那么触电会创始人龚文祥，就是他们的关键节点。

关键节点的影响力当然越大越好。

但是把关键节点理解为名人、大V，也并不是十分准确的。

看其能否成为关键节点，需要有几个考量：

1）是否有一定的影响力？

2）是否与你的目标客户相匹配？

3）是否可以主动地、持续地为你做裂变推广？

民国时有位名医叫陈存仁，情商极高，是位无师自通的营销天才。他刚做医生时，设定裂变推广的关键节点并不是名人，而是下层阶级病人，如车夫、佣仆之类。

陈存仁说，这些人没什么钱，甚至付不起诊金和药费，但仍要尽心尽力医好。第一，医者父母心，做医生的人要有医德，要做慈善和救济工作；第二，你只要治好了他们的病，他们就会感激不尽，尽心尽力地帮你做宣传。车夫会拉着他的主人来看病，佣仆会带着她的女主人和小姐来诊治。从前上海有钱人家，生了孩子会雇一个奶妈，孩子生了病，奶妈就会坚决要求到陈存仁处就诊，这种人的力量也很大。

当时没有女子理发店，就有一种职业"走梳头"。她们会每天依照太太小姐起身的时间，一家一家前去梳头，一边梳头一边谈天说地。谈到看病时，就会提到陈存仁大夫。这也是关键节点。

自建流量池

把流量、客户都掌握在自己手里。

一个开在商场里的餐饮店，它的流量主要来自商场带来的流量。

它完全无法预知，到底谁来吃饭，谁不来吃饭。

而已经消费过的顾客，下次来不来吃饭，也是不能掌控的。

顾客吃完了饭就走，饭店没有跟顾客产生任何联系，那么顾客下次是否还来吃饭，没有人知道。

一个淘宝店，来店铺购买的客户主要来自淘宝平台的流量，卖家和顾客并没有产生直接的联系。

很可能只是买完一单，下一单就不会再来了。

淘宝店主只能通过平台来做推广，而不能直接到达顾客。

目前，流量越来越碎，越来越贵，很多生意在获取流量的时候已经耗费了大量的利润。

未来的生意趋势，一定是把流量客户都掌控在自己手里。

就是所谓的自建流量池。

不管你是做实体店，还是电商，都要千方百计地把顾客加到你的微信上来。

有了自己的流量池，才不会被平台绑架，掌握用户才能游刃有余。

离顾客越近的地方，越容易成交。

微信就是一个非常好的社交工具。

把所有的顾客尽可能多的加到自己的微信上面，就是自建流量池。

在这个基础上，可以做很多裂变工作，让自己的流量池不断扩大。

自建流量池的注意事项：

要尽量把粉丝加到个人微信号上，而不是公众号、APP上。

这些都是比较低效的流量池，管理起来也非常困难。

最有效的流量池就是个人微信号的流量池，一个微信号通常可以加 5000 个好友，基本上就可以维持一个普通的生意。

　　如果想做得更大，就尽可能多做几个微信号。

　　假如你将二十几个微信号加满粉丝，就相当于拥有 10 万粉丝，那么基本上任何生意你都可以做起来了。

怎样建地域性流量池？

带孩子的宝妈，怎样年赚百万？

地域性流量池是指基于地域形成的流量池，比如一个小区、一所学校、一座城市。

地域性流量池里的粉丝，因为大家见面方便，经常线下沟通，就会比较容易建立信任感，比较容易成交，比较容易复购，这是其他流量池都不具备的优势。

我们可以用地域性的流量池，做一个无店铺的网商；也可以基于实体店铺，建一个地域性的流量池。

蓝蓝住在河北燕郊，在北京西三环上班，要先坐公交再转两次地铁，两个多小时才能到公司，无论是公交还是地铁，都很挤。

2011年，蓝蓝怀孕了，没办法再挤公交地铁，就辞了职。

蓝蓝问我："有没有什么活儿，在家也能做呢？老公一个人养家，太辛苦了。"

我说："你做母婴亲子产品吧。就做小区的生意，够了。"

我让蓝蓝建了个小区亲子群（是 QQ 群，当时还没有微信），打印了一批传单，挨家挨户"扫楼"，让人加群，很快加了 2000 多名群友。

然后，根据我的建议，蓝蓝经常在群里分享一些怀孕育儿知识，组织一些线下活动，平时下楼遛弯也会在群里说一声，谁在小区里带孩子玩，就一起见个面，聊聊天。

就这样，蓝蓝很快跟群友建立了信任，成了小区里的亲子育儿专家，也是宝妈群体的领袖。

到了这时，做销售就是顺理成章的事了。蓝蓝只需要在 QQ 空间写一下自己用什么产品，给宝宝吃什么、用什么，马上就会有人主动询问购买。

蓝蓝正常上班时，一年收入也就五六万元，这一年怀孕生子，却赚了 30 多万元。

前两天我了解到，她现在的影响力已经辐射到了周边的几个小区，一年能赚到 100 万元。老公已经辞职，做她的帮手了。

网店怎样自建流量池？

把购买过的顾客加到微信上来，这些都是高质量的粉丝。

淘宝天猫之类的网店，自建流量池其实很容易，只要把购买过的客户，转化成粉丝就可以了。

也就是说，让你的客户加你的微信，然后再去转化它。

很多网店其实早已有了自建流量池的意识，并且已经开始这样做了。

当时让客户加微信的方式是，在给客户寄产品时，在产品里面加上一个微信二维码，让客户扫码加微信。

但这种做法不仅收效甚微，反而会引起淘宝的关注。

随后，阿里巴巴就针对这一举动，特别推出了一系列制裁措施。

如果商家在发货时放微信二维码，就会受到很大制裁。

后来我给某店铺做过一个小的策划，使得他们的顾客加微信的概率提高了很多。

这个方法是，当客户购买产品，即将收到产品之际，对该顾客做一个电话回访。

基本话术是："请问您是某某先生吗？我是某店的店主，您在我这里购买了某某产品。现在想了解一下，您对我们产品的满意程度。"

如果客户说满意，紧接着跟他说："如果您加我的微信，稍后会有礼物回馈。"

如果他说不满意，也可以请求他添加微信，便于后期交流。

而且，务必让客户知道，微信上会经常有店铺优惠活动通知，这个折扣力度要远远大于天猫或者淘宝上的折扣力度。

这样一来，让客户加微信就会容易许多。

让网店用户主动加微信的方法还有很多，有些相当有效，可以多加研究和尝试。

实体店怎样自建流量池？

给顾客一个加微信的理由。

很多实体店已经意识到了自建流量池的重要性，但他们不懂让顾客加微信的技巧，往往只是简单地放个二维码，让顾客自己扫码，这种效果很差。

你要给顾客一个加微信的理由，通常来说，就是利益。

我给某药店做过指导，当时这个药店在做促销，买一定价钱的药就送一瓶矿泉水或者一包纸巾。

我对店长说："你这种营销方式一点用都没有。你应该有更好的引流和成交方案。"

首先，不要免费送水或者纸巾，而是让客户扫你的微信二维码，加微信之后，再送水或者纸巾。

其次，客户加了微信之后，马上发一段编辑好的文字，大致内容是：

我是什么药店，我在哪里，我们未来会针对老用户给一些优惠或者送什么东西，或者说，我朋友圈会经常分享一些关于医学的知识，欢迎关注。

这种方法可以有效防止客户取消关注，由于大多数客户都是附近的小区居民，加药店的联系方式，也会让他们更便利一些。

最后，管理你的朋友圈。

朋友圈不要打广告，一定要写一些特别踏实的文字，比如应该怎么治疗、如何保养。用这种方式来打造你的专业形象——健康的医疗专业形象。

这样，用户对你会产生信任感，从而相信你的东西是专业的、有用的。

药店就用这种方式，最终拥有了一大批稳定的客户。

后来，我建议他们在发给客户编辑好的文字里，又加上一句：如果需要的话，我们可以送药上门。

这一套组合拳下来，这个药店的生意很快超过了其他药店，在不到半年时间里就实现了多赚一倍的目标。

　　所有实体店都可以用这个药店的逻辑，给顾客一些"小恩小惠"，把他们加到自己的微信上。

　　然后你就可以跟他们互动，增加黏着度，增加复购率，让他们成为你的铁杆粉丝。

共享流量池

把你成交过的客户交给别人去成交。

在自建流量池的基础上，还可以做进一步的动作：共享流量池。

这是快速扩大你的客户基数的方法，使用得当，可以在短时间内实现数倍、数十倍的增长。

共享流量池的逻辑很简单：做一个客户画像，找到那些跟你的客户画像高度重合却又销售不同产品的商家，大家彼此引流，交叉成交。

还以前面提过的酒庄为例。

酒庄跟许多酒店有合作，向他们供应酒水。酒庄自己也有直接来购买的客户，那么就可以做一件事，把酒庄的流量池和酒店的流量池共享。

具体做法很简单，酒庄先去跟酒店协商，说为他们引流客户。方法是，酒庄印制一批代金券，标明可以去哪家酒店吃饭，抵扣相应金额。

凡是来酒庄买酒的客户，都赠送一定额度的代金券。这样买酒的客户就会被引流到合作酒店消费，作为回报，酒店一定愿意更多地采购酒庄的产品。

同样道理，酒店也可以赠送客户相应的代金券，引导他们到酒庄买酒，大家实现双赢。

模拟成交

提高成交率的要诀在于模拟成交。

天下最难的事有两件：

一件是把自己的思想装进别人的脑袋；另一件是把别人的钱装进自己的口袋。

而成交恰恰是同时在做这两件事。

成交是一个说服别人及让别人买单的过程。

说服别人，就是把自己的思想装进别人的脑袋；让别人买单，就是把别人的钱装进自己的口袋。

难度可想而知。

无论是被人说服，还是给人付费，我们都会天然地有防范心理和抗拒心理。

那么提高成交率的要诀就是模拟成交：

绕过成交这个环节，直接呈现"已经成交"后的结果。

所有话术和手段都以"已经成交"为基础去做。

模拟成交是我提出的一个成交概念，它是建立在大脑神经学的基础之上的。

人类的大脑看似聪明，其实也有弱点：

它有时候会分不清真实和虚幻，也就容易被忽悠。当你绕过成交环节，在大脑里直接呈现成交后的场景时，顾客的潜意识就认为已经成交过了，大脑就会接受已经成交这个现实，成交就变得很容易。

强调一下：

模拟成交，就是绕过成交环节，直接在客户脑海里呈现"已经成交"后的结果，以解除客户对成交的抗拒，提高成交率。

不去成交，自然不会遭到抗拒。

模拟成交还有个好处：

你不会被拒绝，也就可以反复地去成交。

很多时候，当你去成交一个客户时，一次成交没有成功，就没有办法再去做推销了，他的大门已经永远对你关上了。

但是模拟成交不存在这个问题。我们绕过了成交环节，也就避免了被客户拒绝。

你可以多次、反复模拟成交，达到你的最终目的。

关于模拟成交，我可能会专门写一本书。

设置门槛

设置门槛不只是在筛选客户，也是在模拟成交。

我有一个激进的也更加有效的成交方法，即设置门槛。

我会列出要成为我的客户的标准，也就是说，符合什么样的条件，才能成为我的客户。

我不说服客户，只拒绝客户。

凡是不符合标准的客户，一概拒绝。

你只有拒绝掉不符合标准的低端客户，才能筛选出优质的客户，而且你在服务优质客户时消耗的成本，是远远低于低端客户的。

设置门槛也是一个非常有意思的成交手段，我们设置了一个标准，让我们的客户来自动对号入座。

你可以把设置门槛理解为给自己的用户画像。

用户画像指的是你的客户是一群什么样的人，包括他们的年龄、性别、所在地域以及购物方式等。

当你设置门槛后，来的客户就都是一些精准的客户、一些比较精准的粉丝。

通常情况下，设置门槛，要有3～4条标准。意思是你要成为我的客户、跟我合作，需要什么条件。

比如，你有四条标准。客户看到第一条标准的时候，想"我符合这条标准"；看到第二条标准的时候，想"我符合这个标准"；看到第三条的时候，想"我符合这个标准"；看到第四条标准的时候，想"我符合标准"。在顾客的脑海里，短短时间内，就一次次地在模拟成交。

这个成交是一个自动的过程，客户自己说服了自己成为客户。

我们可以把设置门槛类比为一次招聘。

公司在招聘员工的时候，总是会列出一些条件。每个来应聘的人，首先都会对照条件，看自己是否符合应聘标准，对照发现，成交，完成了招聘。

这就是设置门槛的魅力。未设置门槛前，我们是被动的、求人成交的；设置门槛后，就变成主动的、别人求我们成交。

批量成交

一次性面对更多客户进行推销。

批量成交即一对多成交。

与一对一成交相比，批量成交是一种威力巨大的成交方式。

你可以一次性面对更多的客户进行推销。对照收入公式，客户基数越大，理论上的收入就会越高。

我个人特别习惯批量成交，因为这可以节约我大量的时间和精力，效果特别好。

批量成交有几种常见方式：

1）线下会销

举办线下会议，面对面成交。

设计得当的话，成交率相对比微信群成交高一些，也更适合成交客单价高的产品。

但是成本偏高，客户基数很难做到太大。通常千人就算是大会了。除了正式的会议外，还可以组织小型沙龙、研讨会，甚至饭局等。

2）微信群销售

这是我十分擅长和偏向的批量销售方式。

将意向客户拉到微信群里，集中成交。

相对于会销，微信群销售不需要场地，时间灵活，成本很低，可以同时运行多个微信群，轻易组织几百人、几千人甚至几万人的销讲。

缺点是成交率偏低，不太适合成交客单价高的产品，需要更好地设计成交流程和逻辑。

3）微信群发

优点是抵达率高，缺点是没办法传递太多信息，同时过分打扰粉丝，会引发粉丝相当程度的反感，可能会被拉黑。

要设计好完整的成交流程，同时尽量少用。

4）文案成交

分为短文案和长文案。

短文案适合发布在朋友圈，适合成交客单价较低的产品。

长文案可发在公众号或其他平台，适合成交客单价比较高的产品。

两者都需要设计成交逻辑，长文案写作难度更高一些。

客户说贵，都是幻觉

你就是免费送，他还会要求包邮。

有做行业培训的学生打电话给我，说自己的公司集结了行业内顶尖级的大佬，课程非常优质，但是却一直不赚钱。

原因呢？

前来学习的人一直说课程太贵，所以公司不断下调学费。但是公司要支付场地费、人工费和讲师费，目前这个价格，已经无利可图了——但是学员还在说贵。自己已经不知道该怎么做好了。

我对她说："有八个字，你一定要记在心里。"

这八个字是：

客户说贵，都是幻觉。

为什么这么说呢？

客户永远是喊贵的。不管你把价格压到多低，甚至你免费他们还嫌你没有包邮，包邮还嫌没用顺丰，对不对？

所以你要做的是，捍卫价格。

你把价格提高了，客户未必少多少，但是利润却可以成倍、成十倍、成几十倍地增长。

我自己做过一个试验：在我某个微信朋友圈发课程广告，标价 198 元的课程，发一次广告大概有三四十人报名；但某次发布收费标准 6980 元的课程，《演讲成交方程式》，竟有二十多个人报名。

你可以算一下后者的收入是前者的多少倍。

我对这位学生说："你现在课程质量很好，又垄断了业内最好的专家资源，没有什么竞争对手。这时候你不用理客户说贵。你根本不应该降价，反而应该涨价。涨价了对你的成交率没有太大影响，但收入就成倍增长了。"

我给了她新的价格建议，同时给了一套比较完整的成交逻辑，使得她的公司当月就实现了盈利，后来一直运转良好。

她后来感激地说，是我救了她的公司。

不打价格战

做生意的根本，是要尽可能地提高利润空间。

传统生意经，往往提倡薄利多销，以为自己把价格压低，给顾客让利，就可以把生意做大，就可以占领市场。但结果往往不容乐观。

一旦开始降价销售，开始打价格战，就是一条不归路。薄利导致你没有足够的利润做营销推广，没有足够的利润分给分销商，没有足够的利润去做新品开发，处处捉襟见肘，越做越艰难。

而且你会发现一点，你便宜，就会有人比你更便宜。你只要一分利，但有人会只要半分利，甚至根本不准备赚钱，就是赔本赚吆喝。

特别是有大资本进入的产业，你根本就没有任何机会。你越想薄利多销，就死得越快。

做生意的根本，是要尽可能地提高利润空间，这样你才能得到更好的回报，才能有更好的发展。

而且有趣的是，在很多时候，越暴利，生意就越好做。

民国时的上海，通常公立医院就诊费一元两元（银圆），住院费十元八元。但大华医院、格罗疗养院等私立医院，门诊一次就要收费一百元，住院费更是高不可攀。

他们是揣摩了一部分有钱人的心理：

贵的就是好的，越是贵就越要来。

如果你面对的是非常底层的客户，那么你当然要尽可能地薄利，尽可能地降低价格；

但如果你面对的是中产阶级，或者是收入更高的人群，价格越低，反而越难成交。

不要根据成本去定价

根据客户能承受的极限去定价。

传统的定价方式是，先算出基础成本，然后在这个基础上加多少利润，就是定价。

我要告诉你的是，这种定价方式是极端错误的，甚至可以说是愚蠢的。

永远不要根据你的成本去定价。

去做个调研，了解客户的购买心理，摸清他们的底线。

尽量把价格定高，只要不超过客户的心理极限就可以了。

你定的价格越高，利润就越高。

价格即品牌，价格即价值

标一个尽可能高的价格，然后告知高价的理由。

我们还要再强调一下价格。

价格是收入理论里重要的一个环节，它直接影响了单客价值，决定了你的收入，甚至生死。

大部分人都倾向于薄利多销，但我更愿意暴利少销，后者更简单，容易操作，而且获利更多。

某茶壶工艺师精心制作了 2000 个紫砂壶，标价379 元，卖不出去。

后来他向高人请教，高人拿起笔，在 "379" 后面加了两个 "0" ——37900 元。

然后写了一段文案：大师手作紫砂壶，限量版，每个都有唯一编号，售完即止，有极高的工艺鉴赏价值和收藏价值。

这 2000 个紫砂壶，很快销售一空。茶壶工艺师多赚了 100 倍!

这个案例告诉我们:

客户是不知道我们的产品的价值的，直到我们和我们的同行告诉他。

而最好的告知就是价格。

价格即品牌，价格即价值。

如果大家都在某平台上拼 9.9 元包邮，那这个产品肯定是不值钱的。

如果你能标出一个高价，同时给出标高价的理由，自然可以吸引那些更愿意为价值和品质买单的优质客户。

永不降价

要像捍卫生命一样捍卫价格。

我要再给大家一个建议，绝对不要降价销售。

一旦你开始降价，你在顾客心目中的地位和价值就会下降。

相反，如果可能，你应该不断地涨价，给顾客一种"再不买就更贵了"的感觉，让他恐慌性购买。

买涨不买跌，是绝大多数顾客的购买心理。

我在做培训型社群时，就从不降价，而且不断涨价。

特别提醒：你要控制好你的涨幅和频率，以免完全超出顾客的购买力。同时，在将涨未涨前，往往最容易成交，一定要把握好这个机会。

如果你必须降价，也建议你不要明降，而是用超值赠品、抢购名额、特别回馈等形式做"暗降"。

价值包装

50 法郎卖不出去的照片，是怎样卖到 150 法郎的？

分享一个真实的案例：

安德烈·弗里德曼和格尔达·塔罗，都是生活在德国的犹太人。德国在迫害犹太人的时候，这两个人又跑到了法国巴黎。

弗里德曼是一个摄影师，当时靠卖照片给杂志社赚钱。这个人很有意思，总能拍出别人拍不出来的照片，相当于狗仔队拍出来的照片，但是因为他的拍照技术很差，杂志社要求又很高，所以就卖不出去。

这个时候他的女朋友格达尔·塔罗就想出来一个新鲜的招数：

他们两人在巴黎的大楼里面租了间办公室，办公室里面只有两个人，一个是塔罗，负责销售；另一个就是弗里德曼，负责做暗房冲洗。

这个办公室的幕后老板叫罗伯特·卡帕。卡帕是美国的摄影师，一个大富豪，他拍了很多照片，但是因为很有钱，所以并不在乎能不能卖出去。当时杂志社通常买照片就是 50 法郎，而且有水准要求，先把照片发过去，人家觉得好才买，但是卡帕的要求是必须卖到 150 法郎。

当人们发现卖 150 法郎这个行情后，反而没有人挑剔照片的好坏。就这样几个月后，市面上形成一股卡帕热，欧洲的知名报刊都抢着买这位大摄影家的作品，但是这位卡帕是只闻其名，不见其人。

讲到这里，可能你已经猜出来了，这位卡帕就是弗里德曼。

他们只是用了一个新的手法，包装了一个从来没有见过面的富豪，就把照片卖到了 150 法郎。

一个等米下锅的穷小子，拍的照片 50 法郎卖不出去；一个富有的大摄影家，拍的照片 150 法郎，供不应求。

这就叫价值包装。

想让你的产品卖上个好价钱的话，价值包装是必不可少的。

以人为本

没有公司，只有人。

不管你是要把产品（或服务）卖给具体的消费者，还是公司或批发商，你都要谨记一条原则：以人为本。

在你的销售对象里，没有公司，只有人。

你需要成交的是一个个具象的有血有肉的人，而非一个抽象的大而无当的概念。

用流行的概念来说，哪怕你做的是 B2B（企业对企业）的生意，你也一样要把它当成 B2C（企业对消费者）来做。

强调一遍：

创造出色销售额的首要法则就是：没有公司，只有人。

正如美国著名的企业管理咨询专家菲费尔所说：

"你不是将产品卖给某个没有生命的依靠量化数据来做出纯粹理性决策的机构，而是卖给人——感情丰富同时又不太理性的人（或人们）：他们所做的决定，在很大程度上也依赖于他们晚上在家时，作为消费者所做出的自我的、个性化的、非理性的行为。"

关于"以人为本"的销售方案，我有几点的建议：

1）你不是在销售产品，而是在满足客户需求

总是强调自己的产品（或服务）质量有多高、有什么特色，其实是没有意义的。

客户只会为自己的需求买单，而不是为你的产品买单。

2）引导客户说出购买产品（或服务）的真正原因

那些表面的、理性的原因，几乎都不是真正的原因。

而有趣的是，客户自己往往也不知道自己的真

实需求。

你可以用不断的追问去引导他们发现自己真实的需求，然后，让他发现，你恰好能满足他。

3）赞美客户

包括赞美他们钟爱的人或事物。

这是拉近你和客户关系的最好方法。

4）推销你自己，比推销产品更重要

当你成功地把自己推销出去，你就能销售出任何产品。

5）情绪和故事会比理性和逻辑更容易成交

成为一个擅于讲故事擅于激发情绪的人。

媒体即渠道

更多地跟能带货的渠道合作。

传统营销推广，广告支出是很大一部分。

广告领域一直有个段子，说 50% 的广告费用是被浪费掉的，但问题是，没有人知道，到底哪些费用有用，哪些费用没有用。

广告通常可以分为三种：

1) 品牌广告

也叫展示性广告，被人看到就算完成任务。传统的大部分广告都属于这个范畴。

2) 引流广告

不只是要被人看到，还要有效果，就是有多少流量进来。

3）成交广告

要求更高，不仅有流量，还要有成交。

传统媒体更多的是在做品牌广告，没办法做引流和成交。新媒体，特别是个人自媒体，能比较好地解决这个问题。

最好的媒体，同时也应该是渠道，在广告展示的同时，就能直接卖货，流量没有损失，效果容易考核。

建议多做这类广告。

第五章

缩减开支

对于战略性开支，尽可能保证并增加投入；
对于非战略性开支，毫不手软地缩减，并持续进行。

省的就是赚的

缩减开支比增加收入更容易。

企业在运营过程中，会持续不断地产生各种开支，这些开支就是企业运营的成本，也是吃掉利润的黑洞。

要尽最大可能缩减开支，省下的就是赚来的，你节约的每一分钱都是利润。

假如你公司多用了一个员工，他每年的工资福利待遇大概是 10 万元；而你想多收入 10 万元，可能需要销售 100 万元的产品。也就是说，你只要裁掉这个冗余员工，就相当于多了 100 万元的销售额。

很显然，裁员比提高销售额更容易。

假如你在市中心租 100 平方米的办公室，年租金是 40 万元；但你到略边远地区租个同样面积的办公室，年租金只需要 15 万元，那你省下来的这 25 万元租金，每年就相当于多了 250 万元的销售额。

很显然，换个便宜的办公室，比提高销售额更容易。

也就是说，缩减开支比增加收入更容易。

但我们在缩减开支的时候，一定要明白，开支由哪些部分构成，哪些开支是应该缩减的，哪些开支是必须保证的。

通常来说，开支可以分为战略性开支和非战略性开支两种，用公式来表示，就是：

战略性开支＋非战略性开支＝开支

对于战略性开支，要尽可能保证并增加投入；对于非战略性开支，要毫不手软地进行缩减，并且要持续进行。

增加战略性开支

战略性开支在总开支中所占比例越高，公司就越有前景。

所谓战略性开支，指的是可以吸引业务并增加收入的开支。比如研发基金、推广营销、人才引进等，都属于战略性开支。

许多公司对战略性开支的重要性认识不足，不肯加大战略性开支投入，甚至根本没有这个预算和意识。

举个比较极端的例子：

某公司运营新媒体，6位员工组成一个部门，做公众号。折腾了一年，粉丝刚刚过千人，每篇公众号的阅读量常常只有两位数。而6位员工的薪酬、福利和办公费用，保守估计一年也超过了60万元。

我对这个公司的负责人说：你随便裁掉一个员

工，用给他的薪水去买广告，做运营推广，效果也不会比现在更差；或者，干脆把这个部门解散，用3个人的薪水去请一个真正懂公众号运营的人，你会发现你的开支会减少一半，效果会好许多倍。

这就是许多公司的问题所在：

1）认识不到人才的重要性，不肯为人才开出更高的薪水，宁愿养一帮庸才。

2）觉得自己已经花钱养员工了，所有事都应该让他们去做，而不肯为推广营销付费。

总的来说，就是对战略性开支没有概念，不够重视。

经济学有一个名词叫恩格尔系数，指的是居民家庭中食物支出占消费总支出的比重。恩格尔系数越高，说明越穷。

我们也可以创造一个"战略性开支系数"，统计一下战略性开支在你的公司总开支中的比重。

与恩格尔系数相反，这个系数越大，你的公司就越有前景。

缩减非战略性开支

非战略性开支过多，是很多公司步履维艰甚至倒闭的原因。

所谓非战略性开支，指的是经营公司中需要用到的但是又不能明显提升公司收益的开支。比如公司租金、办公设备和日常开销等。

曾经有某位朋友创业，一开始就很有气势：

他在市中心最豪华地段最贵的写字楼，租了大半层做办公室，招聘了四五十名员工，还买了玛莎拉蒂，请了司机、助理、前台、清洁工和做饭阿姨等，每次出行前呼后拥，一副成功企业家的模样。

可惜的是，半年过去，公司没赚到什么钱，却每个月都要付房租，开工资，开支巨大。

这朋友有点撑不下去了，先是把玛莎拉蒂换成了奥迪，后又换成了奥拓，员工工资也开始拖欠，后来不得不关门大吉。

　　其实他的公司还是赚钱的，只是非战略性开支消耗太多，赚得不如花得多。

　　如果开始时摊子小一点，人员少一点，公司还是可以健康地活下去，再慢慢发展的。

　　非战略性开支过多，是很多公司步履维艰甚至倒闭的原因。

　　尤其是初创企业，一定要注意控制非战略性开支，这可能是你的生死线。

模糊地带与辩证法

战略性开支与非战略性开支之间存在一定的模糊地带，需要在实践中加以区分。

需要说明的是，战略性开支与非战略性开支之间并不是泾渭分明的，两者之间存在一定的模糊地带，需要我们在实践中加以区分。

比如，员工薪酬是公司的主要开支，这是战略性开支还是非战略性开支？需要区别对待。

销售人员的薪酬毫无疑问是战略性开支，前台薪酬则是非战略性开支，至于设计、文案团队的薪酬，我通常习惯性地把它们划到战略性开支之列，但它们可能是位于中间地带的。

我们重申一下：

战略性开支，指的是可以吸引业务并增加收入的开支；

非战略性开支，指的是经营公司中需要用到的但是又不能明显提升公司收益的开支。

那么，豪车是战略性开支吗？

通常来说不是的。

但如果豪车能帮你"吸引业务，增加开支"，那它就是。

某人做微商，首先倾其所有买了一辆玛莎拉蒂，经常在朋友圈晒豪车，接送代理必开玛莎拉蒂。玛莎拉蒂代表着实力，帮他成交了很多代理。对他来说，玛莎拉蒂就是战略性开支。

你需要非常细心地区分战略性开支和非战略性开支。该花的钱绝不能省，而且要多花；不该花的钱必须省，一分都不应该多花。

节约办公租金

考虑实用性，不求奢华。

某公司在多地都有子公司，各个子公司都专门给老板装修了办公室，这个办公室老板一年也难得用两三次，真是巨大的浪费。

不要以为大公司才这样铺张浪费。某创业公司，只有两个员工，却给三个合伙人每人装修了一个办公室，公司还没有什么进项，却要一次性支付二三十万元的租金和装修费用。

许多公司在办公空间上都存在浪费现象。而办公室的租金一旦产生，往往很难压缩。

在节约办公租金层面上，有几点建议可供借鉴：

1）公司初创，没几个员工时，可以考虑共享办公室。

2）如无特别需要，在郊区而非市中心区租办公室，能节约出几倍房租。

3）尽量少设独立办公室。哪怕是高层，如果一周不能在办公室超过三天，也不用设独立办公室。

4）尽量少设会议室和接待室。

5）利用好每一寸空间，取消闲置区域。

6）装修简约，考虑实用性，不求奢华。

给员工合理的高薪

把薪酬与绩效挂钩，不搞平均主义。

某创业公司标榜自己待遇优厚，是同行的两三倍。我看到这个新闻时心里就"咯噔"一下，觉得无法长久。果然，没过多久，这公司就倒闭了。

我一直提倡给员工合理的高收人。我公司的主要员工收入也一直高于其他公司同等职位，但高到了两三倍，就太离谱了。

比同行高的薪水，会增加员工对公司的认同感，减少跳槽。

有些公司整体薪酬偏低，结果就是老人不断跳槽，人力不断招新人，来了未必能马上干活。

每一个员工的离职，对公司来说都是一笔成本。因为公司要承担对这个老员工的人职培训费、公司资料或信息流失风险，更要承担新员工是否适合岗位的风险，还有新员工的前期培训成本。

从维持员工稳定性角度来说，合理的高薪酬是必要的。

同时高薪酬也意味着更大的责任。管理得当的话，让4个人做6个人的活儿，开5个人的薪水，是可以做到的。员工个体拿到了更多的薪酬，而公司整体薪酬支出是下降的。

要特别注意把薪酬和绩效挂钩，不搞平均主义。

对重要岗位的员工特别是能影响到企业最终效益的员工，他们的平均薪酬应该远高于其他公司的类似职位，远高于本公司里其他部门的同等职位，甚至可以高于本公司其他部门的领导职位。

给员工比较高的薪酬，要控制在合理范围之内，并且要因人而异。要把高工资付给值得付的员工，对于普通员工，给正常的薪酬就可以了。

严控人力成本

能不招人就不招人。

要给员工合理的高薪，又要控制人力成本，岂不是太强人所难了？并不是。

控制人力成本，应该从尽量少招人做起。

一般情况下，员工成本在企业运营成本中所占比例为 30%～60%，对于一些知识密集型的咨询服务、软件设计、灵感创意企业来说，员工成本在企业运营成本中所占比例高达 80% 以上。

所以我们必须严控人力成本。

任何一个公司，如果没有强力的约束，各部门都会倾向于不断招人——反正薪水是公司出的，部门多用一个人，有什么不好？

这样持续的结果就是，公司员工越来越多，人浮于事，甚至为了管理这么多的员工，不得不再增加新的管理职位。

如果你公司的某个部门要求增加人手，你应该在第一时间予以拒绝。只有在他再三要求时，你才需要去考察他是否真的需要。

即使真的人手不足，也往往可以通过外包、内部调配来解决问题。

在沃尔玛，如果有部门提出人手不够需要招聘，结果大多数都是被拒绝。

沃尔玛采取以下措施来解决人手不足问题：每到节假日或者购物高峰时间，营运、财务、市场和文职等人员都会放下手头的工作，投入到卖场中。

沃尔玛还在内部实施了一个"飞鹰行动"计划：所有管理人员都必须接受收银培训，确保任何员工在任何时候都能第一时间到前台工作。

尽量少招人，不多用一个人，不仅可以节省大量的人力成本，还可以有效地提高工作效率，刺激企业利润的迅速增长。

多外包，少雇佣

新技术为在线协作提供了可能。

你应该尽可能地少雇佣员工。公司尽可能只留下最有价值的创意部门、能直接盈利的部门，其他的业务尽可能外包。

新的技术为在线协作提供了可能。你不需要员工到公司来上班，也一样可以方便快捷地沟通。

外包可以选择更专业的团队、更先进的技术，往往比自己养员工的质量更高。

杜平先生算过一笔账：一个美工机器人，1年不到2万元的价格，里面包含上百万张图片，90%的美工需求都能搞定。但我们养一个美工，每年的价格不低于10万元，做得未必有外包的好。

负利润公司，强行裁员 30%

很多公司都可以裁员 30%，而工作不受任何影响。

曾有公司向我求助："我们公司本年度销售额比上年度增加 50%，但上年度是有盈利的，本年度却不断亏损。有什么解决办法吗？"

我直接问："你们公司本年度是不是新入职了太多员工？"

果然不出我所料，他们这一年扩张得太厉害，增加了许多新部门，员工增加了两倍多，销售增长已经不能维持人力成本。

我给这家公司开出的"药方"是："把不赚钱的部门全部解散，赚钱的部门也一律裁员 30%。"

这家公司的老总倒吸一口凉气，沉默了好久，才开口说："把不赚钱的部门解散掉，我能理解，但是赚钱的部门也要裁员 30%，这是为什么呢？"

我这样告诉他：

"有管理专家开玩笑说，每 3 名员工里，一个能做出真正的贡献，一个能勉强胜任工作，还有一个则根本不应该聘用。像你们这种飞速扩张的公司，估计人浮于事更为严重。哪怕是再赚钱的部门，也还是有大量混日子的人。下狠手裁掉他们，就能节约大量人力成本，最终提高公司利润。"

老总又问："那怎样判断哪个员工有用，哪个员工需要裁掉呢？"

我笑道："这个不需要你去判断。你只要给部门负责人下指标就好了。无论如何，强行裁员30%。他们自然知道谁是有价值的，谁需要走人。而且你都不必担心他任人唯亲，真到了关键时刻，他就必须留下真正能干活的人。"

这个公司按照我给的建议，撤岗、裁员，当月就扭亏为盈。

事实上，很多公司，甚至可以说大部分公司，都可以强行裁员 30%，甚至 50%，而工作不受太大影响。

如果公司面临资金压力，裁员更是最好的选择。

正利润公司，考虑裁员 5%

即使你的公司在赚钱，我也建议你考虑是否要裁员的问题。

理论上来说，如果你能招到合适的员工，能给他们很好的培训和管理激励，让员工都能胜任工作，那你不需要解雇任何员工。

但事实不可能如此。在任何公司，必然有不合格的员工；哪怕所有人都合格，也有十分优秀和勉强及格的区别。

你需要有公正的管理模式，对优秀员工给予高薪、表彰等奖励，对表现一般的员工，要给予训诫、惩罚，甚至解雇。

慈不掌兵。你狠不下心来解雇任何员工的后果，就是导致你的企业运作失调、效率低下，老板失去权威。

相反，当你解雇少量员工后，你会明显地感觉到，留下来的员工马上会有危机意识，会主动积极地工作。那些绩效较差的员工，因为担心自己也被解雇，会努力工作；而绩效靠前的员工也会受到鼓舞，会更努力地提高绩效。

我的建议是，如果你的公司员工足够多，不妨每季度做一次末位淘汰，裁员 5% 左右。但如果你是一个小公司，员工很少，那还是尽量减少员工流动吧。

尽量减少加班

提高效率，节约成本。

我供职过的某公司，是有加班文化的，每天加班两三个小时很正常。我同事几乎每天都要到 10 点以后才走。

后来某一天，部门主管找我谈话，主旨是："你为什么不能像某某一样，每天加班到 10 点？"

我很平静地告诉她："我是凭能力和高效工作的，我不需要加班。"

我创业后，公司员工上班时间是早九点半至晚五点半，中午休息一个小时，如无特殊情况，绝不要求员工加班。

但公司对员工的工作量和绩效有明确要求，不能在规定时间内完成任务，那就只能自己延长工作时间。而且，如果发现某员工长期加班，那说明他不能胜任工作，需要考虑他的去留问题。

回过头来说那家有加班文化的公司。上有所好，下必甚焉。公司里几乎每个人都在天天加班，只不过大多数人都在做样子，假装加班。上班时间玩游戏、看小说，下午溜出去看电影、逛街，晚上9点多回公司发个邮件、打个卡，看记录都很勤勉，实际做了多少活，天知道！

除非极特殊的岗位、极特殊的时期，否则，一个称职的员工，一天8小时工作，已经足以完成他的工作量了。而且，高效的8小时工作，对员工脑力、体力的压榨，也基本到了极限。以我的经验，大部分职场人，一天能认真工作6个小时，已经很不错了！

长时间的加班，会让员工身心俱疲，厌恶这份工作。加班也会产生成本，就算你不给加班费，也还是会产生办公费用吧？有加班文化的公司，会让员工装样子、磨洋工，效率极低。

有些老板，就喜欢看员工加班，实在是个坏习惯，要不得！

可开可不开的会，一概不开

会议是个巨大的成本黑洞。

很多人没有意识到，会议是个巨大的成本黑洞。

但是你只要稍微想一想就会明白，你开的任何一个会议，都意味着有一群人要在会议室消耗他们的时间。

而这段时间，你已经为他们付过费了，但他们却不能去做自己的工作。

你召集会议的人数越多，参与会议人员的级别越高，这个会议的成本就越高。

假如你的公司每个月的薪酬开支是 100 万元，你每周要开两次会，每次 2 个小时，那么你一个月要为会议支出的人力成本就差不多是 5 万元！

给几条关于会议的建议：

1）尽量少开会

可开可不开的会，一概不开。

不要为了开会而开会。

2）会议时间要简短

除非是培训性质的会议，否则不要开长会。

大部分会议时间控制在 5 ～ 10 分钟内，严格控制开 30 分钟以上的会议。

3）控制参会人数

能不参加的尽量不参加。

不要出于礼貌或者尊重邀请人们参加。

4）尽量不要召开所谓的"头脑风暴"会议

这类会议通常都很低效，纯属浪费大家时间。

5）不要开会讨论问题

只有在需要做决策时才召开会议。

6）取消异地会议

可以通过视频会议、电话会议来解决问题。

7）会议前做好充分准备

相关资料提前发给与会人员。

8）会议要有决议，有落实

避免任何没有结果的会议。

只升职，不加薪

头衔不会产生任何成本，却有很好的激励效果。

曾经有个客户向我请教：

他新创企业，要从原公司带一批人过来，但又没办法支付太高的人力成本。

该怎么办呢？

我给他出的主意是：

只升职不加薪！

你直截了当地告诉那些愿意跟随你的人：现在你没有办法给他们开更高的薪水，但是你可以给他们更高的职位，让他们得到更好的成长机会。

而且，就算未来他们不在你这家公司做了，想跳槽到其他公司，也会因为有了高职位，可以得到更高的薪酬。

其实在公司日常管理中，也可以这样做。

头衔并不值钱，不会产生任何实际成本，但是对员工却有很好的激励效果。

如果你不想给员工加薪，却又想让他们努力工作，很简单，给他们一个让他们高兴的头衔就是了。

如果公司不赚钱，就把它关掉！

不要为了面子问题死撑。

触电会创始人龚文祥说自己上一次创业，在 5A 写字楼租了一整层，公司 200 人，销售额上亿元，但公司亏损，且公司股东结构复杂，有斗争，几百个员工需要管理，累得要死。

虽然表面风光、有面子，其实年底落到自己口袋的现金几乎没有。

给自己的是公司以后估值高、有融资或会上市等虚假的幻想，其实你看到的大多数创业公司都是表面虚假的公司。

龚文祥吸取教训后，开始二次创业。

他根本没有租办公室，就在自己家里办公，见客人就到咖啡厅。就这样省下了办公成本，赚到的每一分钱都是利润。

创业者不要为了面子死撑，应该有这样的精神：

如果你的公司实在不赚钱，那就把它关掉。

然后找一个可以独自做的项目，在家办公，让你从开公司的第一天就可以赚到钱。

或者你也可以用社群的模式重新创业，把你的经销商搬到线上，省去大量的费用。

我的朋友苹果哥原本有 200 多家苹果直营店、1700 多名员工，线下店各种成本都很高，辛辛苦苦做一年，发现全是在给房东打工、给员工打工。

后来苹果哥把直营店都关掉，把员工都遣散，用"会员制＋社群"模型，建立了苹果全球最大的会员制粉丝社群，这样根本用不了几个员工，收入却比开店时更高。

初创企业，干脆在家办公吧！

别铺大摊子，别摆谱。

特别是初创企业，一定不要一开始就铺很大的摊子，摆很大的谱。

你节约的每一分钱的成本，都是利润。

你可以考虑到创业孵化园租个工位，这样可以省下许多成本。

也可以考虑，干脆就在家办公，连工位费也省了下来。

我的公司初创时，就是在家办公，约客户见面就去附近的咖啡厅。

在家办公还有个很大的好处，可以避免你在上下班的路上浪费时间。而对于创业者来说，时间是最为宝贵的财富。

如果你是一人公司，或者是夫妻店，可能根本没有必要租办公室，在家办公就是最好的选择。

如果你有员工，但是并不多，而且你住的是复式公寓或者别墅，可以把生活区和办公区分开，还是可以选择在家办公——你就在家待着，让员工来上班就是了。

如果你是创业公司，甚至可以考虑给员工提供食宿，你就跟员工同吃同住，随时可以进入工作状态。

但我见过的很多创业公司都不是这样做的。

大多数人创业，第一件事不是去找客户，做销售，尽快收钱回来，而是先去租大办公室，买家具，装修，一分钱没进账，先花了一大笔钱出去，然后每个月都有固定开支，搞得自己焦头烂额。何苦来哉！

第一个 100 万元，最好亲手赚

赚 100 万元的过程，也是一个不断试错、不断优化的过程。

我见过很多创业者，一旦注册了一个公司，马上就开始飘飘然，开始摆老板的架子，凡事支使员工去干，自己不肯干具体事，这是很危险的。

初创企业，老板一定不能偷懒，能自己做的事，最好自己动手去做。

这不只是为了节约人力成本，更是为了让自己精通所有业务，熟悉所有环节和细节。

中小企业老板应该是核心，也应该是全才。

你什么都懂，就能指导和培训员工，提高效率和质量；就能避免被员工糊弄，防止跑冒滴漏。

我常对创业者说的话是：第一个 100 万元，最好自己亲手赚。

赚 100 万元的过程，也是一个不断试错、不断优化的过程。

你自己可以亲手赚到 100 万元，就可以把这个经验放大，让员工帮你赚更多的钱。

你自己已经试过错了，在放大的过程中，就不容易犯太多的错误。

初创公司一定尽量在还小的时候，把该犯的错误都犯了，避免在做大后犯同样的错误。

做大后再犯错误，成本就太高了，甚至可能是致命的。

不妨开家夫妻店

夫妻齐心，其利断金。

我的公司初创时，只有我和太太两个人，几乎所有事情都是我们自己亲自动手做，做不过来再外包。就这样度过了最艰难的创业第一年，赚到了一点小钱，然后稳步发展。

再次强调，初创公司没必要招很多人。

如果可能，尽量自己做事，或者开家夫妻店。这样人力成本可以控制到最低，公司也就最容易活下去。

从初创业的角度来看，夫妻店其实是一个很好的选择。

我们常说："小公司靠人情，中等公司靠制度，大公司靠文化。"那么，还有比夫妻更深厚的人情吗？

夫妻齐心，其利断金。

初创企业，往往要求员工有很高的综合素质，随时都在工作状态，但又没办法开出很好的薪水。

坦白说，你很难找到合适的人。

不如就从身边人下手，开家夫妻店。

大家沟通方便，可以 24 小时在线工作。

自己家生意，没有理由不尽心尽责。

而且，有更多共同话题，可以增进感情。

但要提醒一点，开夫妻店，最好建立在夫妻双方感情很好、易于沟通，而且有共同兴趣爱好的基础之上。

否则可能生意没得做，夫妻也没得做。

这些钱一定不要省

花该花的钱，就会越花钱越有钱。

前文谈的都是怎样千方百计缩减开支，但是有些开支绝对不能缩减，相反还要尽可能增加。这就是我们在本章开头提到的战略性开支。

我发现很多企业都容易省不该省的钱，所以要特别提醒：

1）重要岗位员工的薪水，一定不要省

你应该保证他们比同类企业的同类职位员工赚得更多，这样才能避免他们跳槽，成为你的竞争对手。

2）请人做培训的钱，一定不要省

相反，你应该有意识地增加培训的预算，你对

员工的培训越到位，他们就越高效，越能为你创造价值。

我建议你亲自参加培训，这不仅会让员工感受到你对培训的重视程度，也能让自己及时掌控培训的质量，避免无效培训，浪费财力和时间。

3）请"外脑"的钱，一定不要省

你应该为你的企业找一个"外脑"，可以是顾问，也可以是咨询，如果有必要的话，甚至可以给"外脑"股份，以达成更稳定的更长期的合作。

"外脑"的价值在于，可以帮你规避很多错误，可以帮你看到更远的未来，甚至可以直接帮你提升效率和利润。

每个人都有自己的瓶颈，都需要更高的智慧指引自己。要学会为有用的想法买单。

4）营销推广的钱，一定不要省

无论企业资金多么紧张，都一定要留足营销和推广的费用。

5）个人品牌打造的钱，一定不要省

老板往往就是企业的品牌和门面，也是最大的推销员。如果你的营销经费不足，我建议你砍掉其他广告预算，但个人品牌打造的钱，是绝不能省的。

以上，都是你最应该花的钱。这些钱，会让你越花钱越有钱。

第六章

更优选择

选择适合你自己的、
更容易赚钱的行业和产品。

建立你的商业逻辑

先定盈利模式，再定营销模式。

如果你想让你的企业持续发展、不断赚钱，那么一开始，你就应该明确你的商业逻辑。

商业逻辑很复杂，但也可以简单地归纳为两点：

1）盈利模式

你怎样赚钱？从哪里赚钱？该怎样做才能赚到更多的钱？

2）营销模式

你怎样把产品（或服务）卖出去？进一步说就是卖给谁？怎么卖？怎样才能卖得更多？

在这两个要点里，盈利模式是核心中的核心。不管你准备做什么，首先都要考虑清楚这一点。

但事实上，这是非常困难却又容易被人忽视的部分。很多创业者根本就没有想明白自己的盈利模式是什么，就匆忙入行，结果往往是赔得一塌糊涂。

先确定盈利模式，再确定营销模式。

这是我给创业者的忠告。

除非你遇到了巨大的新机会，而且你也有钱折腾，可以先冲进去跑马圈地，再做盈利打算。否则，就踏踏实实研究怎么赚钱，研究清楚了，再去研究怎样做销售。

盈利的三个层次

多研究别人看不懂的盈利模式。

通常来说,盈利有三个层次:

第一层次:大家都看得懂的盈利模式

简单说,就是在成本基础上加点利润卖出去。比如批发价是 5 元,零售价是 10 元,卖一个产品就赚 5 元。

大部分生意都在这个层次上。这是非常简单而粗糙的盈利模式,也是竞争最激烈的。

第二层次:大部分人看不太懂的盈利模式

这需要比较复杂的设计。打什么广告、卖什么产品、实际赚什么钱，可能是完全不一样的。

比如，大部分电影院最赚钱的其实不是电影票，而是卖爆米花。现在有些电影院已经开始赚共享按摩椅的钱了。

这种盈利模式的核心就是设计产品组合、多层后端。

第三层次：大部分人都能看懂，但大部分人都做不了的盈利模式

这是靠资源、技术、资金和管理等垄断的生意。不再细说了。

建议大家多研究第二层次的盈利模式，有无限潜能可挖。

选择比努力重要

方向不对，努力白费。

有些行业，你拼了老命，也很难有大的出息。

有些产品，你再努力做，也很难有好的回报。

你是在小池塘里钓鱼，还是到大海里撒网？收成是完全不一样的。

你是在黄昏产业里挣扎，还是勇敢地迎接风口？回报是完全不一样的。

你是选择薄利多销的行业，还是选择暴利少销的行业？操作手法是完全不一样的。

我创业的第一个公司是出版公司。后来我把它交给了专业团队管理运行，我自己每周花在这个公司上的时间不超过四个小时——基本就是每周五，公司有例行总结会，对本周工作进行复盘，然后负责人会向我汇报，并告知需要我做些什么。

我其实挺喜欢做出版的，因为我是一个兴趣广泛的人，而做出版可以接触各行各业有趣的精英人群，能学到很多东西，结识很多人脉，得到很多资源。

但从商业角度来考量，图书实在不是一个好的产品。

它是个劳动密集型产业，每一本书有几十个环节，都需要人工跟进；它的制作周期太长，做一本书，动不动就需要几个月，甚至几年；它有很大的库存、很长的账期；它的定价又很低，利润很薄，还没有复购率；更严酷的是，传统的纸质出版又在面临新媒体、新娱乐的冲击……

大环境如此，整个行业如此，再专业，再努力，也很难做出多好的成绩。

我曾经做过一个培训型社群，只带了一个助理，两个人用 4 个月时间赚到的利润，比整个出版团队两年的利润都高。

有些行业有明显的天花板，那么选择更好的行业和产品，可能会让你赚得更舒服。

不要傻傻地坚持，要寻找更好的机会。

更优选择的四个纬度

越是赚钱的行业，竞争往往也越激烈。

该怎样选择更赚钱的行业？有几个维度参考：

1）市场更大

我们在前面提到过，你是在小池塘里钓鱼，还是在大海里撒网，收成完全不一样。

如果你想有更大的发展，从一开始就应该选择有更大市场空间的行业。

2）利润更高

有更大的市场空间，未必意味着你就能赚到更多的钱。

你还需要判断，你是否找到了最"肥美"的市场，也就是利润最高、最容易赚钱的部分。

专注于做这部分市场，不太赚钱的部分，尽可能放弃。

3）离钱更近

离钱越近的行业，越容易赚到钱。

4）离风口更近

雷军说，风口上的猪都能飞起来。

做一个紧跟潮流的人。留意最近的、最流行的东西。这里面往往蕴藏着无限商机。

但是也要提醒，越是容易赚钱的行当，竞争往往也越激烈。要谨慎选择。

认识你自己

你只能赚你能赚的钱。

我们说选择比努力重要，但同时也要强调一点，你只能赚你能赚的钱。

认识你自己，知道自己适合做什么、擅长做什么、应该赚什么钱，非常重要。

我是一个兴趣广泛、没有耐心、营销力大于产品力、策划力大于执行力的人。那么我去做比较务虚的项目，就比较容易成功。

如果让我做实物产品，要做供应链、团队管理、流程之类，就算我从逻辑上理得十分清楚，也很难耐下性子来做好。

但如果你是一个执行力爆棚、踏实耐心的人，你可能就更适合去死磕产品。

如果你性格外向、情商很高，可能更适合做销售。

如果你有极强的领导力，那你适合做团队。

我们发现，任何一个公司，都有鲜明的创始人的烙印。创办公司的人是什么样的，公司也会是什么样的。

你可以不断地突破自己的舒适区，不断地学习提高自己，但你最终还是只能做适合你的公司，赚你能赚的钱。

强行突破的结果，往往都比较惨。

顺势而为

你可能比以前做得更好，却仍逃脱不了被淘汰的结局。

我越来越承认，成功在很大概率上，是一个偶然事件。

你恰好在对的时间里，做了对的事，结果就有了沉甸甸的收获。过了这个时期，哪怕你根本没有犯什么错误，甚至比以前做得更好，也逃脱不了被淘汰的结局。

你要认识你自己，还要认清趋势，顺势而为。

任何一个生意，都有四个时期：红利期、竞争期、垄断期、黄昏期。

不同特质的创业者，适合在不同时期施展拳脚。

顺势而为之一：红利期

撞上红利期，任何人都能赚钱。

一个行业刚刚兴起时，市场需求大，同行竞争小，所运营产品可以有很高的溢价，随便做做，就能得到丰厚的收益。这就是红利期。

你在这个时候进入，就能跑马圈地，创建规则，抢占市场。

2003 年，淘宝创立，随后几年就是红利期，很多人其实也不懂什么生意经，只是在淘宝上开个店，甚至没有什么货源，从身边的超市拿货在淘宝上卖，莫名其妙就赚到了第一桶金。

2014 年左右，很多做微商的人，根本不懂什么营销理论，供应链管理也是一塌糊涂，只是在朋友圈拼命刷广告，也能赚到钱。

这就是遇上了红利期。

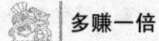

谁能赚红利期的钱呢?

1) 判断力超强的人

他们更有眼光, 能发现别人忽略的需求, 能看到未来和趋势。

有人就只做红利期的生意, 赚取丰厚利润, 一旦跟风的人多了, 就马上抽身去寻找下一个机会。

2) 愿意冒险的人

有些人天生有赌徒心理, 愿意尝试未知, 敢于冒险。

赌对了, 赚得盆满钵溢; 赌错了, 就输得一干二净。

3) 容易轻信的人

有趣的是, 在红利期赚到钱的, 有相当一部分人并没有太高的个人能力, 只是比较容易相信别人, 跟对了人, 也得到了不错的回报。

但这样的人也很容易上当受骗。可能运气好赚了点钱, 但很难守住。

顺势而为之二：竞争期

执行力强的人、有创新能力的人，更容易赚钱。

红利期过后，就是竞争期。

看到能赚钱，就会有许多人冲进来，复制成功者的产品和模式，抢占市场。

在这个时期，市场竞争加剧，各商家开始打价格战、服务战，利润下降，但大部分经营者都还可以维持下去。

谁能赚竞争期的钱呢?

1）有超强行动力的人

不过多犹豫观望，看到什么好做立马跟上。跟着大块吃肉的人，总能捞块骨头啃啃，最不济，也能喝口肉汤。

2）有微创新能力的人

发现什么项目好做、什么产品赚钱，不是简单的山寨、复制，而是可以做微创新，做出更好的产品、更好的服务。

这类人往往比单纯有行动力的人赚得更多，甚至能超越先行者。

3）能吃苦耐劳的人

愿意比别人付出更多时间、精力，更能吃苦耐劳，也能占领一些市场。

顺势而为之三：垄断期

成为垄断者，或者与垄断者合作，或者出局。

垄断几乎是不可避免的。

任何一个行业，只要允许资本复制、能实现规模化生产，就会走到垄断期。

大资本、大品牌进入，强者越来越强，在技术、供应链、营销推广、渠道、管理和客服等方面拥有绝对竞争优势。

他们能占据市场的大部分份额，又因产量大更能降低成本，普通经营者已经没有了与之竞争的能力，只能被迫出局。

传统制造行业，大多已经处于这个阶段；电商和微商行业，也正在进入这个阶段。

谁能赚垄断期的钱呢？

有资本、有资源、会管理、更专业、更懂技术、能控制成本、能搞定全产业链、能做成巨无霸、能做出品牌的企业。

这类企业，万中无一。

你也可以考虑成为垄断企业的服务商。

跟垄断者合作，是避免被淘汰的办法之一。

顺势而为之四：黄昏期

如果不能创新，就尽快撤出。

整个行业已经落伍了，走下坡路了，即将被时代淘汰了。

再进一步就是强者弱者同归于尽。

曾经火爆一时的传呼行业，现在已经没有多少人知道了吧？

还有个典型例子是诺基亚，你能想象它曾经在手机行业风光无限，无人可敌吗？

黄昏期有两个选择，要么创新，要么撤出。

大多数情况下，还是尽快撤出为妙。

不一定非要坚守，非要做百年基业。

要学会在适当的时候放弃，去寻找新的机会。

重新定义产品

产品是你用来抵达用户、成交用户的工具。

我们对产品的理解，往往过于狭隘。很多人至今仍是把需要制造的，能看得见、摸得着的实物叫产品，更不要说去理解服务、智力这类虚拟产品了。

什么是产品？

一切可以让你和客户发生联系、可以让你成交客户、可以让你赚到钱的，都是产品。

从这个定义出发，产品就相当丰富了。它可能包括且不限于：

1）智慧

2）个性化

3）个人魅力

4）发财机会

5）情感

6）情怀

7）模式

8）社群

9）人脉

10）服务

11）资源

12）链接

13）用户

如果你有足够的想象力，你可以发现更多的、更好的产品，也就是更多的盈利机会。

客户不会为产品买单

只会为了满足自己的需求买单。

20 世纪 50 年代，美国某公司发明了一个很有想象力的产品："生命力蓄能器"。

该产品的外观像个柜子，里面是一把椅子，还安装了一些看上去很高科技的仪器。发明者声称坐在里面的人可以通过该设备吸收"生命力"，也就是"治愈能量"。这当然是个无稽之谈，只能忽悠没有什么文化的人。

后来美国食品药品监督局调查了这个骗局，惊奇地发现，有一位购买者与众不同，居然是一位大学教授！

当他们调查这位大学教授时，教授说自己当然知道这个"生命力蓄能器"是骗人的，但是对他自己却很有帮助，因为他的妻子每天都会静静地在里面坐四个小时。

讲这个故事是为了强调一点：客户不是为了产品买单，他们只会为了满足自己的需求买单。

换言之，你不是在出售产品，而是在满足客户需求。

很多人只会关注产品本身，强调产品多么有特色，多么优质，但你更应该去研究客户，什么样的人会用这类产品，他们的需求是什么。找到需求，满足它。

关于产品，已说过很多，再重复强调几点：

1）产品是用来抵达用户、成交用户的工具。

2）用户不是为了产品买单，而是为了自己的需求买单。

3）产品不重要，谁来买、卖给谁、怎么卖才重要。

4）好产品未必能自动好卖，只强调自己产品有多好，商业逻辑是有问题的。

5）好的产品组合，最好有引流产品、品牌产品和利润产品。

6）一切利润产品都可以是引流产品。

什么是"理想产品"?

没有理想产品,但可以无限趋近。

重新认识产品之后,我们来探讨什么是"理想产品"。

1)定价高,利润空间大。

2)成本低,利润率高。

3)方便设计更多后端利润。

4)复购率高。

5)方便大规模、及时复制。

6)边际成本低,趋近于零。

7)仓储、物流成本低,趋近于零。

8)现金流良好。账期短,甚至无账期;无坏账;最好能预收货款。

9)顾客忠诚度高。

10）不容易被山寨复制。

11）具备"静销力"，不用说服教育，消费者看到就想买。

12）具备传播力，能自动传播裂变，省去营销推广费用。

13）售后服务简单，甚至根本不需要售后服务。

需要说明的是，这样的理想产品，几乎是不存在的。

但是我们可以无限趋近于理想产品。

对照一下你的产品，符合条数越多，说明它越是值得做的产品。

利用好"涟漪效应"

一线城市辐射二三线城市，城市中心区域辐射周边区域。

把一块石子扔进平静的池塘里，泛起的波纹会以石子为中心，一圈圈地波及很远的地方。

这就是涟漪。

我们在做生意或做投资时，也要特别注意涟漪效应。

政策会有涟漪效应。

2008年，北京房子开始限购，我马上告诉其他城市特别是二线城市的朋友，能买房的尽快买房，因为房子未来一定会限购，一定会大涨。

北京出台的政策，其他城市也一定会出台。北京房地产走过的路，其他城市也一定会再走一遍。

这就是涟漪效应。

生意模式会有涟漪效应。

一个新的生意模式，往往是从一线城市、沿海城市开始，慢慢发展到二线城市、内陆城市。

微商发源地是广东，但 2019 年微商更多布局在内陆，布局在四五线城市，这就是涟漪效应。

同样的，经济萎缩，或者某些骗局，也有涟漪效应。

2016 年我回内地老家，一个十八线的小城市，很震惊地发现，珠三角早就"爆雷"的高利贷骗局，在当地正"发展"得如火如荼。

我的一些亲戚朋友都参与其中。

经我苦苦劝说，才有几个退了出来。

国与国之间也存在这样的涟漪效应。

最早的互联网创业者，几乎都在借鉴美国的一些项目和经验。

但发展到现在，国内的移动支付、物流快递、社群创业等，都居世界领先地位。

在国外创业，反而可以借鉴国内的经验了。

不管你是做生意还是做投资，都一定要注意涟漪效应。

不要只盯着自己的一亩三分地。一定要经常关注一线城市、沿海城市的动向，有好的项目和模式，就可以在其他城市借鉴复制了。

同样的，别人已经踩过的坑，你就不要踩了。

找到成功经验，利用好信息差，马上行动！

第七章

几点建议

你就是你公司的边界，
提升你自己，才能让公司走得更远。

策划就是优化

完全没有必要大动干戈，伤筋动骨。

我要提醒你的是，要多赚一倍其实很简单，只要有正确的思维模式，然后在一些细节上做优化就够了。

完全没有必要大动干戈，伤筋动骨。

我见过一些企业，盲目地相信策划公司，试图从头构建自己的商业逻辑，但往往是老虎吃天无处下口，根本执行不下去。

我一直秉承的理念是：

策划就是优化。

在原有的基础上，改造一些细节，发现更容易盈利的几个点，做好优化。除非是极特殊情况，不要去改变公司现有构架和流程。

一个企业有一个企业的基因，你很难全面改造它让它成为另一个企业。

但是做局部的细节的优化，是比较容易落实的，也是容易见效的。

不要小看优化的力量。我辅导过的一些企业，有些只是优化了一个细节，就马上多赚了一倍，甚至十多倍！

客户才是企业的核心价值

没有客户，做再好的产品，都毫无意义。

再次强调，企业的核心价值，不是产品，不是规模，不是品牌，而是客户。

你能做出多么优秀的产品，能做到多大的体量，打造什么样的品牌，其实都不重要。重要的是你能有多少客户。

你有多少客户，有多少可以不断复购的老客户，有多少愿意帮你转介绍的忠实客户，这才是你公司的核心价值。

没有客户，你做出再好的产品，都毫无意义。

在某种情况下，客户甚至就是你最好的产品，可以为你换取最大化的利润。

了解"微商思维"

做不做微商，都要有微商思维。

微商最近几年的发展，绝对不容小觑。无论你对微商有什么看法，只要你身在商界，就必须去了解微商思维。

我给触电会创始人龚文祥先生策划出版了《微商思维》，在这本书里，龚文祥总结了微商思维15字诀："以人为中心，交易型社群，裂变，卖机会。"

我给这本书写的封面文案是："做不做微商，都要有微商思维。"

微商用传统行业十分之一的投入，完成传统行业十倍的产出，其效率是传统行业的一百倍。

现在，微商与传统行业之间的界限日渐模糊，很多微商开始进军实体，而实体行业或兼做微商，或用微商思维改造传统生意，已经成为方向和潮流。

打造你的个人品牌

打造产品品牌，不如打造个人品牌。

我们在前面提到，没有必要过于追求品牌。

打造品牌是个漫长的过程，花费很多，效果未必好。

即使要打造品牌，这个时代最应该和最容易打造的，也应该是个人品牌，而不是产品或公司品牌。

一个优秀的推销员，可以把任何产品推销出去，因为他推销的不是产品，而是自己。

同样道理，一个优秀的企业家，也应该拥有个人品牌，即所谓的个人 IP。

习惯躲在幕后的企业家，已经落后于这个时代。

企业家要走到台前，拥有更多的影响力和号召力，可以让你省下大量广告费，可以帮你吸引许多天然流量，让你的生意更好做。

从最早"我为自己代言"的陈欧，到后来的雷军、董明珠、周鸿祎，都是非常擅长打造个人品牌的企业家。

企业家的个人品牌，会成为企业重要的资产。

我们会因为知道某个人，相信某个人，而购买他的产品，跟他有进一步的合作。

不断升级人脉圈

关系决定眼界，眼界决定格局。

蒋晖，我策划出版的《如何做好淘宝》的作者，他说过一句话：大多数人对商业是没有想象力的，本质是见识不够。

大多数人的圈子，年赚百万已经是一个不可思议的数字，他们完全不能想象居然有人可以年赚千万、上亿、上十亿甚至更多。

你就是你公司的边界和天花板，让自己变得更优秀，才能带着公司往前走得更远。

如果你想赚更多的钱，想让自己的公司有更大的发展，最好的办法是拓展自己的眼界，进入更好的圈子。

跟更优秀的人在一起，就能耳濡目染地学到更先进的商业理念，拓宽自己的见识，同时这些人脉也是更优质的资源，无论你想做什么，他们都会给你更多的支持。

如果你身边的圈子不够好，可以考虑加入一些付费社群，这里面往往有更好的资源、更高的思维。

最好每两三年就能全面升级自己，进入更高层次的人脉圈子。

关系决定眼界，眼界决定格局。

熟人使人落后

跟优秀的人一起前行。

大多数人的一生，都是在熟人圈子里度过的。

七大姑八大姨、从小玩到大的发小儿、大学时的校友、参加工作后的同事……构成了你的社交圈。

容我说句刻薄的实话，这些人，大半是目光短浅、见识平庸的。

除非你是含着金钥匙出生，否则你的熟人圈很难给你太多的支持。相反，他们还总会担心你，质疑你，你想做点什么事都不敢让他们知道。

我常说一句话："熟人使人落后。"如果十年过去了，你身边还是从前那些熟人，大家都没有什么进步，那你也很难有什么进步。

不断升级你的人脉圈，就是让你与更优秀的人为伍，让熟人对你的负面影响降到最低。

当你接触的人越多，层面越高，你就会发现：越高端的圈子，大家越会相互支持，抱团发展，因为你好了大家都好；越低端的圈子，越喜欢诋毁、嫉妒、相互拆台，我不好，我也不想让你好。

曾经有人说：如果你想走得更快，就自己出发；如果你想走得更久，就跟别人一起走。

但其实还有第三种选择：跟更优秀的人一起走。

做好时间管理

每天列出 10 件事，只做 3 件最重要的。

只要你开始创业，你就会发现，需要你做的事情越来越多，千头万绪，你根本就忙不过来。

很多企业家就这样成了救火队员：

每天被一堆具体事务包围着，忙得焦头烂额，但公司依然停滞不前。

你是不是你公司最忙的人？你是不是觉得自己永远有一堆事要做，拼了命也做不完？

如果答案是肯定的，你就需要重新调整你的时间了。

你每天做事的优先度应该是：

首先，考虑怎样多赚钱，怎样确保现金流、增加收入、缩减开支；

其次，考虑企业日常运营管理；

最后，考虑别人希望你做到的事情。

具体一点，每天到公司，你可以先列出 10 件事，然后挑出 3 件最重要的，全力以赴做好它。

先做好最重要的事情，再去做其他事情。

建立多维目标

建立多维目标，能够节省你的宝贵时间，让你事半功倍。

在做一件事时，你有可能会同时达到几个目标。

比如，你要去参加一个外地线下课程，那么可以顺便考虑一下当地的市场，顺便认识一些一同听课的企业家，顺便谈一些合作回来。

关键是，你在出发前，就应该明确知道，自己要做的这些事情，并且为此做好准备。

我们要养成建立多维目标的习惯，做任何一件事，都考虑一下，它除了当下这个目标之外，还能达成什么目标？

建立多维目标，可以有效地节省你的时间，让你事半功倍。

有想法马上记录下来

大脑是用来思考的，不是用来记忆的。

如果你有任何想法，不管是在什么时候，都要马上记录下来。

记录工具可以是纸笔，也可以是手机上的记事本，或者灵感胶囊 APP。

如果你要对某件事做长期的思考，我建议你用思维导图，逐渐形成更完整的体系。

我们的大脑是用来思考的，不是用来记忆的。

那些灵光一现的想法，如果不马上记下来，转过身就很可能忘掉了。

同时，记录也是一个整理思维、帮助思考的过程。

不管理员工，让员工管理你

充分地信任员工，给他们更多的授权。

我有一个出版公司，我一度在这个公司里倾注了大量的心血。有一段时间，我几乎没做别的事情，全部时间都用在这个公司上。

但是现在，我每周大概只有四个小时用来处理出版公司的事务，这样就有大量时间去做其他项目。

我是怎样做到的呢？

其实很简单：我不再管理员工，而是让员工管理我。

首先我们用了将近一年的时间，建立起了流程和标准，几乎任何事情都可以按流程和标准去做。

在此基础上，我改变了管理方式。之前是给员工定目标，检查落实，督促他们完成；后来我彻底放手，不再去做任何检查管理工作，我只要结果。

我不仅让员工自我管理，还让员工管理我：公司每周五上午会开总结会，然后负责人会给我一个列表，告诉我最近应该做什么。然后他还要经常督促、提醒我，检查我的进度。

放弃你的控制欲，充分信任员工，给他们充分的授权，更进一步，让他们来管理你，你就会发现，自己越做越轻松。

打造"多干活少拿钱"的企业文化

让员工创造更多的剩余价值。

几年前，某长期合作公司邀请我去讲营销课，公司老板临时提了个要求："能不能顺便讲讲企业文化？"

我说："我一般只愿意讲实打实的、听了就有用的干货，不想讲虚的内容。如果你一定要我讲企业文化，那么请允许我一开始就说一句话，'一切企业文化都是耍流氓，它的本质是让员工多干活少拿钱。'"

这个老板也是个有意思的人，居然笑着同意了。

然后我就开始做PPT，把上面两句话用最醒目的字体呈现出来。

可想而知，当员工看到这两行字时的反应：不顾老板在场，都开始大笑，鼓掌。

然后，我翻到下一页，上面同样是醒目的大字：

但是，好的企业文化，会让员工心甘情愿地多干活少拿钱。

坏的企业文化，只会不断地压榨员工。

好的企业文化，是让员工跟企业一起成长，让员工可以学到更多的东西，得到认同感和荣誉感。

同时，所谓的"多干活少拿钱"，这个"少"字，并不是指绝对值，而是指相对值。

比如员工原本月薪 5000 元，能为公司创造 8000 元的价值；但现在员工能力提高了，一个月可以为公司创造 20000 元的价值，员工现在月薪涨到了 10000 元，相对于员创造的价值，员工其实还是"少拿钱"的，但这样的少拿钱，是让公司和个人都满意的。

有用的事，反复去做

不要做"知道分子"。

本书提供了超过近百种多赚一倍的方法和细节，事实上，还有更多内容没办法写进这本书里。以后我可能会陆续出系列图书。

但你真的需要学习这么多内容吗?

可能吧。从学习层面来说，了解越多，越容易形成完整的知识架构和逻辑体系，做任何事都可以举一反三。

只是我要提醒你的是，不要做"知道分子"，知道更多很重要，但去落实更重要。

有用的事，就反复去做。

如果你发现了适合你的增加收入的方法，那就重复执行就好了。

如果你发现了缩减开支的方法，那就经常去做好了。

没必要十八般武艺样样精通，会其中一两样，做到极致就够了。

不要贪多嚼不烂，重复就是王道！

坚定信心，保持乐观

你想要的，一定可以达成。

我要再次强调：

对于大部分企业和个体创业者来说，在 6 个月或更短时间内，实现多赚一倍的目标，是可以实现的，也是安全的。

只要你有一定的资源和专业度，掌握了正确的方向和方法，再加上决心和行动力，你想要的，就一定可以达成。

已经有很多人应用本书的方法，达到了自己的目标。

大多数人能做到的事情，你也能做到。

你不会愿意承认自己不如别人吧？

坚定信心，保持乐观。

你要想的，一定可以达成。